ESSAI

D'UN

COURS ÉLÉMENTAIRE

DE DESSIN,

PAR

J.-G.-L. GRANDGUILLAUME,

Professeur à l'École R^le du Génie, à Arras.

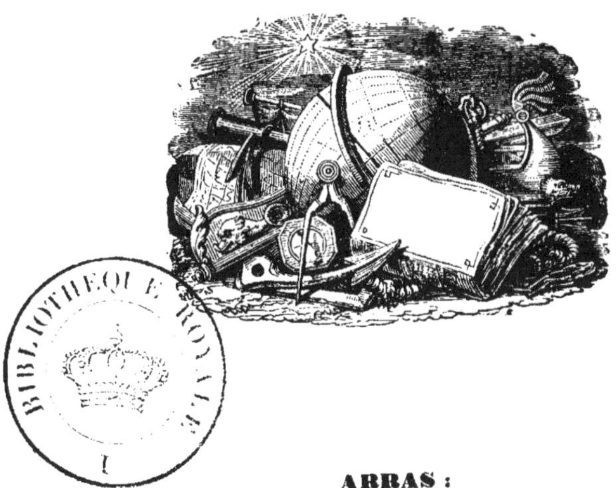

ARRAS :

IMPRIMERIE DE JEAN DEGEORGE,

RUE DU 29 JUILLET.

COURS ÉLÉMENTAIRE

DE DESSIN.

1re PARTIE :

DESSIN GÉOMÉTRIQUE.

LIVRE 1er :

COPIE DES DESSINS.

DU DESSIN.

CONSIDÉRATIONS GÉNÉRALES.

Le Dessin est l'art de représenter les objets qui ont une forme déterminée dans notre pensée ; soit que ces objets existent réellement, soit qu'ils n'aient qu'une existence possible.

Cette représentation peut être faite de deux manières; ou pour fournir les données nécessaires à la connaissance des dimensions véritables d'un objet; ou pour faire naître, par l'image, une sensation analogue à celle que nous éprouverions à la vue de l'objet lui-même : — de là deux espèces de dessin; le premier appelé *Géométrique*, et le second d'*Imitation*.

De ces deux branches de la science, la première a sur l'autre, dans l'art militaire et dans un grand nombre d'états, une incontestable supériorité; d'ailleurs, l'expérience démontre qu'elle peut être étudiée indépendamment de la scconde, et que pour l'art d'imitation les plus grands efforts restent sans résultats s'ils ne sont secondés par des dispositions naturelles.

Nous commencerons donc l'étude que nous nous proposons par le dessin Géométrique, c'est-à-dire, par *celui qui définit à l'aide de lignes et de teintes, la forme, la grandeur et la position rigoureuse des objets.* Le dessin géométrique est une langue qu'il faut apprendre à écrire et à lire; c'est le but que nous essaierons d'atteindre dans cette première partie.

Mais comme les objets peuvent être, ou représentés, ou non représentés, nous diviserons cette première partie en deux Livres; le premier traitera de la copie des dessins, et le second, de leur construction. Dans les dessins déjà exécutés sur papier, que remarque-t-on?... des lignes et des teintes; donc nous subdiviserons le premier Livre en deux Sections; dans la première nous nous occuperons des lignes; de leur définition, de leur tracé, des méthodes employées pour les copier, etc., et dans la seconde nous exposerons les principes du lavis appliqués à toute espèce de dessin géométrique.

Observation. — Dans le cours de cet ouvrage, nous nous servirons des vérités géométriques comme certaines, incontestables; renvoyant pour leur démonstration rigoureuse aux traités spéciaux, clairs et concis de notre collègue B. Houdiard.

Ire PARTIE. — DESSIN GÉOMÉTRIQUE.

LIVRE Ier. — DES OBJETS DÉJA REPRÉSENTÉS.

SECTION Ire. — DES LIGNES.

CHAPITRE Ier.

Définition des lignes et des figures.

DE LA DROITE.

La *droite* est la plus simple et la plus commune des lignes qui se rencontrent dans un dessin.

On dit qu'elle est le plus court chemin d'un point à un autre ; mathématiquement, elle n'a qu'une seule dimension, *longueur*, mais dans la réalité, c'est-à-dire tracée sur une surface, elle a, comme les autres lignes, une épaisseur que l'on modifie pour augmenter la lisibilité du dessin.

DES ANGLES.

Lorsque deux droites se coupent, elles déterminent quatre espaces qui appartiennent à un même plan, c'est-à-dire à une surface telle qu'une droite coïncide avec elle dans toute son étendue, dès qu'elle la touche en deux de ses points.

Les lignes AB, CD, (fig. 1) en se coupant donnent lieu aux quatre espaces angulaires 1, 2, 3, 4.

On nomme *angle*, l'inclinaison d'une ligne sur une autre, et *sommet* de l'angle, le point où les lignes se rencontrent. L'angle s'énonce ou s'écrit en plaçant la lettre du sommet au milieu de celles des côtés.

Ainsi DSB (fig. 2) exprime l'inclinaison, ou l'écartement, ou l'angle des lignes BS et DS. Lorsque l'angle est seul, comme dans la fig. 2, la lettre du suffit sommet pour le désigner, mais si plusieurs angles ont un même sommet, il est nécessaire de se servir des autres lettres de leurs côtés; l'espace angulaire 1, (fig. 1) s'énonce ASC ou CSA, l'espace angulaire 4, CSB ou BSC.

Si les lignes A B, C D, se rencontrent de manière à former des angles ASD, DSB, BSC, CSA, égaux entr'eux (fig. 3), ces lignes sont *perpendiculaires*, et chacun des angles précédents, est *un angle droit*.

Tout angle comme FSB, plus grand qu'un angle droit, prend la qualification *d'obtus*, et tout angle comme FSA, plus petit qu'un droit, celle d'*aigu*. Deux angles qui ont un côté de commun, sont dits *adjacents*.

DES PARALLÈLES.

Si deux droites, quelque prolongées qu'on les suppose, ne se rencontrent pas, elles sont *parallèles*, et partout également distantes.

Tout espace angulaire est indéfini. Il faut au

moins trois droites pour renfermer une partie de l'espace.

DES POLYGONES.

Les espaces plans, limités par trois ou un plus grand nombre de droites, sont nommés *polygones.*

Les polygones peuvent être *irréguliers* ou *réguliers.*

DES POLYGONES IRRÉGULIERS.

Dans les polygones irréguliers, les angles et les côtés ne sont assujétis entr'eux à aucune condition d'égalité.

Le plus simple des polygones en général est le *triangle,* il est limité par trois droites; on appelle *quadrilatère, pentagone, hexagone, eptagone,* etc., les polygones terminés par quatre, cinq, six, sept etc., portions de droites ou *côtés.*

L'usage fréquent des triangles et des quadrilatères, a fait donner des noms particuliers à quelques-uns d'entr'eux.

ON NOMME TRIANGLE

- *Scalène* (fig. 4), celui qui a ses angles et ses côtés inégaux.
- *Isocèle* (fig. 5), celui qui a deux angles ou deux côtés égaux.
- *Rectangle* (fig. 6), celui qui a un angle droit, (le côté opposé à l'angle droit est appelé *hypothénuse*).

Le Rectangle (fig. 7) est un quadrilatère qui a ses angles droits.

Le Parallélogramme (fig. 8) est un quadrilatère qui a ses côtés opposés égaux et parallèles.

Le Trapèze (fig. 9) est un quadrilatère qui a deux côtés opposés parallèles.

Le Losange (fig. 10) est un quadrilatère qui a ses quatre côtés égaux et les angles égaux deux à deux seulement.

On peut prendre pour sommet d'un triangle l'un quelconque des sommets de ses angles : la base est le côté opposé à l'angle pris pour sommet, et la hauteur la perpendiculaire abaissée du sommet sur la base. Si dans le triangle ABc, (fig. 4) nous choisissons le point B pour sommet, Ac en sera la base et Bn la hauteur.

Dans les quadrilatères que nous venons de désigner, l'un des côtés peut être arbitrairement pris pour base ; la hauteur est la perpendiculaire à la base terminée au côté opposé. AB (fig. 8) étant pris pour base du parallélogramme, CD en sera la hauteur.

La *diagonale* d'un polygone quelconque est la ligne menée intérieurement du sommet d'un de ses angles à un autre. An est l'une des diagonales du parallélogramme (fig. 8.)

Dans un polygone en général on peut mener autant de diagonales qu'il y a de côtés moins deux.

DES POLYGONES RÉGULIERS.

Les polygones réguliers ont leurs côtés égaux entr'eux ainsi que leurs angles.

Le polygone de trois côtés est le triangle *équilatéral* ou *équiangle* (fig. 11) ; celui de quatre côtés le *carré*, (fig. 12.) Les autres se désignent par leur nom propre de pentagone, d'hexagone, etc., en ajoutant après la qualification de *régulier*.

Le centre d'un polygone régulier est le point

également distant des sommets des angles ou des milieux des côtés.

Toutes les diagonales des polygones réguliers sont égales entr'elles.

Dans le chapitre 5e, nous nous occuperons encore des polygones réguliers et nous donnerons une méthode approchée pour les construire, quelque soit le nombre de leurs côtés.

Nous terminerons les définitions de la droite et des polygones en énonçant quelques-unes de leurs principales propriétés.

QUELQUES PROPRIÉTÉS DES LIGNES ET DES POLYGONES.

La somme de tous les angles formés d'un même côté d'une droite est égale à deux angles droits. Celle des angles formés autour d'un point, équivaut donc à quatre angles droits.

Lorsque deux droites se coupent, les angles opposés par le sommet sont égaux.

La perpendiculaire à une droite est plus courte que toute oblique; les obliques qui s'écartent également du pied de la perpendiculaire sont égales; celles qui s'en écartent inégalement sont inégales et la plus longue est celle qui s'en écarte le plus.

Tous les points d'une perpendiculaire sont également éloignés de deux points pris sur la seconde droite à une même distance du pied de la perpendiculaire.

Lorsqu'une droite est perpendiculaire à une autre toutes les parallèles à la première sont perpendiculaires à la seconde et *vice versâ*.

Lorsque deux parallèles sont coupées obliquement par une troisième droite, les angles aigus qui en résultent sont égaux entr'eux; il en est de même des angles obtus.

La somme des trois angles d'un triangle est égale à deux angles droits : celle de tous les angles intérieurs d'un polygone est égale à autant de fois deux droits qu'il y a de côtés moins deux.

La somme des carrés des deux côtés de l'angle droit, dans un triangle, rectangle est égale au carré de l'hypothénuse.

La surface d'un triangle est égale au produit des unités comprises dans la base, par la moitié des unités comprises dans la hauteur; le produit exprime des carrés qui auraient l'unité pour côté.

La surface d'un parallélogramme, d'un rectangle ou d'un losange est égale au produit des unités de la base par les unités de la hauteur.

La surface d'un trapèze est égale au produit des unités de la hauteur par la moitié des unités de ses côtés parallèles.

La surface d'un polygone quelconque est égale à la somme des surfaces partielles de trapèzes ou de triangles en lesquels il est toujours facile de le décomposer.

DES LIGNES COURBES.

Les autres lignes qui se rencontrent dans un dessin et qui ne sont ni droites ni composées de lignes droites sont des lignes courbes.

On peut concevoir une courbe comme formée d'une infinité de droites excessivement petites et réunies sous des angles tels que leurs sommets soient insensibles.

Chacune de ces petites droites, est un élément de la courbe.

La perpendiculaire en un point d'une courbe, est la perpendiculaire à l'élément qui passe par ce point; elle prend le nom de *normale.*

L'élément, qui correspond à la normale, prolongé indéfiniment, est une tangente à la courbe; au point de contact elle ne fait que toucher la courbe, mais plus loin elle peut la couper. La tangente et la normale sont réciproquement perpendiculaires.

On divise les courbes en deux classes ou familles. La première comprend celles qui peuvent s'appliquer dans toutes leurs parties sur un plan et que l'on nomme pour cette raison *courbes planes*; la seconde renferme les courbes qui ne peuvent satisfaire à cette condition; elles sont appelées *courbes à double courbure.*

Dans la suite nous aurons occasion de parler de ces dernières.

Nous nous bornerons, pour le moment, à dire ce qui nous paraît utile sur les courbes planes.

Elles peuvent être *irrégulières* ou *régulières.*

DES COURBES IRRÉGULIÈRES.

Les courbes irrégulières ne sont soumises à aucune loi, elles vont, viennent, se tournent, se replient sur elles-mêmes, selon la volonté de celui qui les trace.

DES COURBES RÉGULIERES.

Les courbes régulières sont assujéties à une forme connue et déterminée; ainsi chaque élément vient se placer à côté de l'élément voisin, en obéissant à une loi constante, invariable pour une même espèce de courbe.

DE LA CIRCONFÉRENCE.

La circonférence est la plus simple des courbes planes régulières.

Elle peut être engendrée par l'une des extrémités d'une droite tournant autour de l'autre extrémité comme pivot : si nous supposons la droite AB (fig. 12), susceptible de tourner autour du point A et dans un plan, le chemin parcouru par le point B, ou sa trace, sera une *circonférence.*

La droite génératrice AB, se nomme *rayon*, le point pivotant A, *centre.*

Deux rayons dans le prolongement l'un de l'autre, comme AB, AD, forment un *diamètre.*

Une *corde* est une droite qui, sans passer par

le centre, joint deux points de la circonférence. Les cordes prolongées sont appelées *sécantes* ; une portion de circonférence, se nomme *arc*.

Nous avons défini les tangentes en général ; celles de la circonférence, n'ont qu'un point de commun avec la courbe ; les rayons sont des normales qui passent tous par le même point, par le centre A.

On a donné le nom de *cercle* à l'espace renfermé par la circonférence ; ce nom est aussi donné à la courbe ; on dit plutôt un arc de cercle, qu'un arc de circonférence.

Le *segment* est l'espace compris entre une corde et l'arc qu'elle soutend ; le *secteur* est l'espace limité par deux rayons et l'arc qui réunit leurs extrémités.

QUELQUES PROPRIÉTÉS DE LA CIRCONFÉRENCE DU CERCLE.

Voici quelques-unes des propriétés de la circonférence et du cercle :

Dans des cercles du même rayon les cordes égales soutendent des arcs égaux et vice versâ.

Le rayon perpendiculaire à une corde, divise à la fois la corde et l'arc soutendu en deux parties égales.

Deux cordes égales sont également éloignées du centre et de deux cordes inégales, la plus grande est la plus près du recten.

La perpendiculaire à l'extrémité du rayon, est une tangente.

Les sécantes ou les cordes parallèles, interceptent sur la circonférence des arcs égaux.

L'angle dont le sommet est au centre, a pour mesure l'arc compris entre ses côtés. La mesure de l'angle droit, est le quart de la circonférence.

L'angle dont le sommet est situé sur la circonférence, a pour mesure la moitié de l'arc compris entre ses côtés. Tout angle à la circonférence qui s'appuie sur le diamètre, est donc un angle droit.

Le diamètre étant 1, la longueur de la circonférence est 3, 1416, c'est-à-dire que pour avoir la longueur d'une circonférence, il faut multiplier les unités de son diamètre par le nombre 3, 1416.

Les circonférences sont entr'elles comme les rayons.

La surface d'un cercle s'obtient en multipliant les unités de sa circonférence, trouvées comme nous venons de l'indiquer, par la moitié de son rayon : le produit exprime des carrés qui auraient pour côtés, l'unité.

Les surfaces des cercles sont entr'elles comme les carrés des rayons.

DE L'ELLIPSE.

Une autre courbe souvent employée dans les arts, est l'*ellipse*.

Cette courbe, comme la circonférence, est fermée ; tous ses points sont à égale distance de deux points intérieurs FF' (fig. 13), nommés *foyers*.

On peut la concevoir engendrée par un triangle, FbF' dont la base FF' est fixe et les côtés Fb F'b, que l'on nomme *rayons vecteurs*, sont variables de grandeur. Toutes les fois que l'un des rayons vecteurs augmente précisément de la quantité dont l'autre diminue, on obtient par la position du sommet du triangle, un point de la courbe.

Le grand axe gf est la droite passant par les foyers et terminée aux *sommets* g et f de la courbe.

Le petit axe bd est perpendiculaire sur le milieu du grand ; il joint les sommets b et d du triangle générateur dans les deux positions où les rayons vecteurs sont égaux.

Le *centre* est le point d'intersection des axes ; un *diamètre* est une ligne passant par le centre et terminée à la courbe.

Deux diamètres sont dits *conjugués* lorsque leur position est telle que les parallèles à l'un sont divisées en parties égales par l'autre et réciproquement.

Les tangentes à l'ellipse nécessitent des constructions que nous indiquerons dans l'un des chapitres suivants.

Il nous resterait à faire connaître la parabole, la spirale, l'hyperbole, l'hélice, etc., mais comme ces courbes se rencontrent plus rarement, nous ne nous en occuperons que dans la deuxième partie.

CHAPITRE II.

Du tracé des lignes.

Quelque soit le but que l'on se propose en dessinant, soit que l'on copie ou que l'on construise, les lignes d'un dessin ne se tracent pas immédiatement telles qu'elles doivent rester; il faut d'abord les indiquer au crayon en exécutant toutes les opérations que nécessite la recherche de leur forme, de leur longueur, de leur position.

C'est par l'exposé de ce travail préparatoire, qui disparaît lorsque le dessin est achevé, que nous allons commencer.

§ 1er. — TRACÉ DES LIGNES AU CRAYON.

DU TRACÉ DE LA DROITE.

On tracera une droite en posant la règle sur le papier, en la maintenant fixe avec la main gauche et en suivant l'une de ses longues arêtes avec la pointe d'un crayon; mais, la ligne ne sera droite qu'autant que cette arête le sera elle-même; il importe donc de vérifier une règle avant de s'en servir pour la première fois : voici l'opération bien simple qu'il y aura à faire. Tracez une ligne le long de l'arête AB (fig. 14), retournez la règle bout pour bout et voyez si l'arête ainsi retournée coïncide encore avec la ligne ; répétez cette opération pour les autres arêtes et s'il existait des différences trop grandes la règle devrait être retouchée.

Les droites au crayon se tracent toutes continues quelleque soit leur espèce. On s'attachera à les faire fines, pures, égales dans toute leur longueur afin de donner plus de précision aux intersections; à les faire passer rigoureusement par les points donnés ou obtenus qui seront petits et ronds, enfin à les tracer bien droites ce qui n'est pas toujours facile quand l'on commence à dessiner; la main tremble et la pointe du crayon s'écarte inégalement de l'arête ou de la face contre laquelle elle appuie.

Les conseils que nous allons donner aideront à atteindre ces résultats.

Tailler souvent le crayon et appuyer peu pour obtenir des lignes fines.

Laisser un petit intervalle entre les points à joindre et la face de la règle, et ne commencer le trait, qu'après s'être assuré par de petits tâtonnemens que la ligne part précisément du point.

Tenir le crayon presque perpendiculairement à la planchette (fig. 15) et assez près de la partie taillée pour que l'ongle du médium (grand doigt) affleure pendant le tracé la surface supérieure de la règle, ce qui donne de la fermeté à la main et augmente la rectitude de la ligne.

Tourner de tems en tems le crayon dans les

doigts, afin qu'il présente au papier une pointe moins émoussée.

DU TRACÉ DES PARALLÈLES.

Il existe souvent dans les dessins beaucoup de parallèles. Leurs déterminations par la construction géométrique serait longue ; on a inventé un instrument nommé *Equerre*. L'équerre a deux grandes faces planes triangulaires et trois étroites qui déterminent son épaisseur.

AVEC L'ÉQUERRE.

Pour tracer une parallèle à une droite (fig. 16), on place un des côtés de l'épaisseur de l'équerre contre la règle et on appuie les doigts de la main gauche, le petit doigt et l'annulaire sur la règle, l'index et le médium sur l'équerre; puis on fait glisser les deux instrumens ainsi réunis jusqu'à ce que l'arête inférieure de l'un des deux autres côtés de l'épaisseur de l'équerre touche la ligne dans toute sa longueur ; alors les doigts qui posent sur la règle appuient sur elle pour la tenir dans une position fixe tandis que les autres modifient leur pression pour faire monter ou descendre l'équerre selon la place que doit occuper la parallèle. Si celle-ci était assujétie à passer par un point déterminé, la pointe du crayon placée sur le point, servirait à arrêter la face de l'équerre et éviterait ainsi le tâtonnement.

Quelques dessinateurs font servir les équerres à mener des perpendiculaires à des lignes déjà tracées en se basant sur l'exactitude de l'angle droit de l'instrument : nous proscrivons entièrement cet usage — parce qu'il est très rare de rencontrer des équerres dont l'angle soit rigoureusement droit, — parce que les changemens de température ou d'humidité de l'air influent sur cet angle, — parce qu'enfin la construction à faire pour élever des perpendiculaires à des droites données, comme nous le verrons bientôt est assez simple. Tout ce qu'il faut exiger d'une équerre, c'est que ses faces soient parfaitement planes et que celles de son épaisseur coïncident bien avec celles de la règle dans toutes les positions.

Le tracé de la droite conduit à celui de toutes les figures polygonales ou angulaires : passons à celui des courbes.

DU TRACÉ DES COURBES

Toutes les courbes, la circonférence exceptée, se tracent sans instrument directeur; des points sont disposés sur le chemin qu'elles doivent parcourir, et il faut, en effaçant et corrigeant autant de fois que cela est nécessaire, arriver à un trait uniforme, fin, sans brisure et qui passe bien par les points, dans le cas où ceux-ci ont été soigneusement déterminés.

On conçoit qu'il y ait peu de conseils à donner sur ce genre de tracé : s'exercer souvent, tourner autant que possible le papier ou le corps au fur et à mesure que la courbe s'avance pour que les doigts n'aient à se mouvoir que dans une seule direction, et la plus commode : prendre pour modèle une courbe tracée à main levée et la répéter jusqu'à ce qu'elle soit bien, enfin chercher à soumettre par le travail, notre main à notre volonté et à la rendre un instrument qui exécute avec pureté et précision.

DU TRACÉ DE LA CIRCONFÉRENCE.

La circonférence est la seule des courbes pour le tracé de laquelle on ait inventé un instrument commode, le *compas* : mais comme il sert encore à embrasser et à reporter des distances, il est ordinairement garni de pointes en acier bien effilées, dont l'une s'enlève pour être remplacée par d'autres pièces.

Pour exécuter une circonférence, après avoir remplacé la pointe d'acier par le porte-crayon, il faut ouvrir le compas de la grandeur du rayon et placer la pointe sèche sur le centre. L'instrument est tenu par sa tête avec le pouce et les deux premiers doigts de la main droite (fig. 17), on l'incline par rapport au papier vers le chemin que la courbe doit parcourir et l'on a soin que la pointe d'acier et celle du crayon n'appuient sur la feuille que du poids de l'instrument : alors on tourne la tête du compas entre les doigts par un mouvement uniforme et en maintenant l'inclinaison première, dans toutes les positions de la branche qui porte le crayon, jusqu'à ce que la circonférence soit fermée.

Il faudra s'exercer à tracer les circonférences d'un seul coup, c'est-à-dire, sans que les doigts qui tiennent la tête du compas la quittent pour la reprendre d'une autre manière ; s'attachant d'ailleurs à les faire d'un trait fin et tellement uniforme que l'on ne puisse distinguer le point où elles ont été fermées.

Lorsque d'un même centre on doit décrire plusieurs circonférences, il arrivera souvent, si le compas est lourd et si le papier ne porte pas bien sur la planchette, que la pointe d'acier percera et fera un trou fort désagréable ; on parera à cet inconvénient en employant un petit rond de corne transparente fixé avec la colle à bouche, de manière qu'un petit trou, pratiqué à l'avance, corresponde au centre des circonférences à décrire.

Les circonférences d'un très petit diamètre se tracent avec un compas dit à *balustre*; à défaut de cet instrument on peut les tracer par points. Après avoir mené cinq ou six lignes par le centre, on porte, à partir de ce point, sur chacune d'elles, le rayon, et l'on joint à la main tous les points entr'eux par de petits arcs.

Les lignes d'un dessin, quelque compliqué qu'il soit, rentreront nécessairement dans l'une ou l'autre de celles que nous venons de faire connaître et d'apprendre à tracer. Nous terminerons par quelques considérations générales sur le travail préparatoire au crayon.

CONSIDÉRATIONS GÉNÉRALES SUR LE TRACÉ AU CRAYON.

Ce travail est sans contredit le plus important; il demande pour tous les genres de dessin une exactitude rigoureuse; dans la copie il doit reproduire fidèlement l'ensemble et les détails du modèle; dans la construction, il ne doit faire un seul pas sans le raisonnement et une attention soutenue. La pensée qui doit dominer lorsqu'on l'exécute, c'est que si les lignes et les teintes de couleur font ressortir les beautés d'un dessin, elles en font aussi ressortir les défauts; habiller une faute c'est la rendre d'autant plus saillante qu'elle est mieux parée.

Aussi ne doit-on pas hésiter à recommencer dès que l'on s'aperçoit que l'on s'est trompé, il faut être, pour ce que l'on fait, d'une grande sévérité, c'est le moyen de faire de véritables et rapides progrès.

Dans les corrections, nous recommandons d'agir avec précaution, principalement en se servant de gomme élastique; la surface du papier est unie, lisse, mais, par des frottemens forts et réitérés, elle se couvre de petits fils qui nuisent également à la pureté des traits et à l'uniformité des teintes.

On se gardera aussi de charger le dessin de lignes inutiles ou de prolonger au-delà des points d'intersection celles qui doivent s'y arrêter.

Enfin, après avoir bien examiné le travail dans toutes ses parties, après en avoir fait disparaître toutes les défectuosités, on nettoiera le papier avec le pain réduit en miette ou mieux avec la raclure de peau de gand, et l'on s'occupera de recouvrir les traits de crayons par d'autres de la couleur, de la grosseur et de l'espèce qui leur convient.

§ II. — TRACÉ DES LIGNES A L'ENCRE.

Ce tracé s'exécute avec les instrumens que

nous avons fait connaître, le crayon étant remplacé par le tire-ligne ou la plume.

DU TIRE-LIGNE.

Le tire-ligne est un instrument formé de deux lames amincies à l'une de leurs extrémités et qui s'éloignent ou se rapprochent à l'aide d'une petite vis placée vers le milieu.

Pour prendre de l'encre avec le tire-ligne, après en avoir réuni les lames et les avoir humectées intérieurement en les plaçant entre les lèvres et en aspirant, il faut en approcher l'extrémité de la couleur délayée qui montera et le remplira à une hauteur suffisante.

Si les lames du tire-ligne ont été trop enfoncées dans la couleur, il en sera resté extérieurement une partie que l'on doit enlever soigneusement avec l'index de la main gauche ou avec un petit morceau d'étoffe, pour ne point s'exposer à faire des taches.

DU TRACÉ DES DROITES.

Le tire-ligne étant chargé, on met les droites à l'encre en se servant de la règle et de l'équerre. Cet instrument doit être tenu (fig. 15 bis), à peu près perpendiculairement au papier et conduit d'un mouvement uniforme, ni trop vite ni trop lentement; il faut : — l'essayer avant de s'en servir afin de connaître la grosseur du trait ; — ne pas dépasser les points qui limitent les droites ; — éloigner un peu de la règle son extrémité afin que les deux lames portent à la fois ; passer de temps en temps entre ses lames un petit morceau de papier pour en enlever l'encre séchée, — enfin lorsque le tire-ligne cesse de marquer, ne pas reprendre trop en arrière sur la partie déjà mise à l'encre.

Le tracé des droites au tire-ligne demande de l'habitude; les fines offrent plus de difficultés que les autres, elles sont chez les commençans souvent inégales ou discontinues.

On peut regarder ces imperfections comme venant de deux causes, de l'instrument ou de l'élève.

DES DÉFAUTS DU TIRE-LIGNE.

Si les extrémités des lames sont aplaties, le tire-ligne ne pourra faire de traits fins ; si elles sont trop affilées, elles couperont le papier, et si elles sont inégales la plus longue seule portant, le trait ne pourra se former.

DES MOYENS DE FAIRE DISPARAÎTRE LES DÉFAUTS DU TIRE-LIGNE.

On remédie à ces inconvéniens en se servant d'une pierre à aiguiser ou d'une ardoise : il faudra d'abord rapprocher les lames jusqu'à ce qu'elles se touchent afin de mieux juger de leur état; si elles sont aplaties, on frottera alternativement l'une et l'autre sur la pierre en tenant l'instrument presque dans le plan de la pierre; si elles sont trop affilées, on présentera le tire-ligne perpendiculairement à la pierre et on le promènera deux ou trois fois sans appuyer en le tournant entre les doigts; enfin, si les lames sont inégales, on usera la plus longue de son excédant en commençant à une distance suffisante de l'extrémité pour ne pas lui donner une forme trop arrondie.

Les opérations qui précèdent, doivent se faire petit à petit. La quantité d'acier placée à l'extrémité des lames étant souvent très-petite, il faut adopter les changemens qui en enlèvent le moins; essayer souvent le tire-ligne pendant l'opération et ne toucher à l'intérieur des lames que très-rarement et seulement lorsqu'elles sont rongées par la rouille.

Le tire-ligne étant convenablement préparé les imperfections sont le fait de l'élève. L'inégalité dans les lignes provient des inclinaisons différentes données à l'instrument; de la force inégale avec laquelle on appuie, et principalement de ce qu'au lieu de conduire le tire-ligne contre la face de la règle ou de l'équerre sans appuyer, on exerce une pression qui modifie à chaque instant l'écartement des lames et finit même par les serrer entièrement.

La discontinuité naît de la malpropreté du papier ou de l'instrument; de la couleur trop épaisse ou séchée, et du trop grand rapprochement des lames.

DU TRACÉ DES COURBES

La plume doit être employée le plus souvent dans le tracé des courbes, elle sera taillée selon la grosseur de la ligne à former, peu fendue et l'évidement des jambages assez court, (fig. 18).

Il y a deux manières de tracer une courbe à la plume; en la dessinant, c'est-à-dire en la fesant par points qui se touchent et qui sont comme les élémens de la courbe; et en la traçant par arc, c'est-à-dire en exécutant des parties assez considérables de courbe sans s'arrêter; la première manière convient aux courbes de petit rayon et aux personnes dont la main manque de fermeté, et la seconde aux courbes dont le rayon de courbure est grand, ou aux personnes qui ont une certaine habitude du dessin. Mais dans l'une et l'autre des manières, il faudra suivre les conseils que nous avons donnés précédemment pour le travail préparatoire au crayon.

Lorsque la courbure des lignes à tracer est peu considérable comme il arrive souvent dans les horizontales exprimant la forme d'un terrain, on pourra *filer* les courbes avec le tire-ligne; mais pour conduire cet instrument, il faut, tout à la fois, une grande légèreté et une grande fermeté dans la main, sans cela l'extrémité des lames entre dans le papier et elle suit, par la résistance qu'elle rencontre, un tout autre chemin que celui qu'on veut lui faire prendre. Il faut encore avoir une autre précaution ; c'est de tenir constamment le tire-ligne de telle sorte que l'épaisseur la plus faible des lames soit toujours dans la direction de la courbe : autrement dès que cette condition n'est pas rigoureusement remplie, le trait devient très-inégal et présente de nombreuses bavures.

DU TRACÉ DES CIRCONFÉRENCES.

Le tracé des circonférences au tire-ligne s'exécute comme celui que nous avons indiqué pour le travail préparatoire au crayon, le compas étant monté avec son tire-ligne.

Le tracé des autres courbes régulières, même

celui de l'ellipse doit se faire à la main. Nous recommandons donc de nouveau les exercices à la plume des lignes courbes de différentes formes et de différentes grosseurs.

Nous aurions à nous occuper maintenant de la copie des lignes; mais cette copie exige la connaissance de plusieurs problèmes de géométrie que nous allons exposer dans le chapitre suivant.

CHAPITRE III.

PROBLÈMES.

Afin de rendre plus lisibles les figures que nous aurons à donner, nous établirons les conventions suivantes qui se rapportent aux lignes.

1°. *Les lignes fines* (fig. 19), *représenteront* :

Dans les questions, les lignes de données.

Dans le dessin des objets, les arêtes ou les faces éclairées des solides.

2°. *Les lignes fortes* (fig. 20), *représenteront* :

Dans les questions les lignes de résultat.

Dans le dessin des objets, les faces privées de lumière des solides.

3°. *Les lignes formées de petits traits fins, égaux et également espacés* (fig. 21), seront des lignes de construction.

3°. *Les lignes formées de points ronds* (fig. 22), représenteront les arêtes cachées des solides ou, dans certains cas, les projections de ces mêmes arêtes sur un plan.

DES PERPENDICULAIRES.

1er **Problème.** — *Mener par un point donné une perpendiculaire à une droite donnée.*

Ce problème renferme trois cas. — Lorsque le

point est situé sur la ligne, hors de la ligne ou à son extrémité.

1er *Cas.* — Pour élever une perpendiculaire par un point p donné sur la droite AB (fig. 23) marquez sur cette ligne deux points c, et d également éloignés du point donné, et de ces points comme centre, décrivez au-dessus et au-dessous de AB, avec une même ouverture de compas les arcs fg, hk; lm, no; joignez les points d'intersection r et q, de ces arcs, par une droite qui passera par le point p et sera la perpendiculaire cherchée.

Observations. L'ouverture de compas prise pour décrire les arcs fg, hk ; lm, no, est arbitraire, mais si elle est plus petite que la moitié cp, les arcs ne se toucheront pas ; ou si elle est trop grande par rapport à la distance cd, ou encore qu'elle en diffère très-peu, les arcs se couperont sous des angles aigus qui ne permettront pas, à cause de l'obliquité et de la grosseur des lignes, de distinguer les points d'intersection. — Règle générale : IL FAUT LORSQUE LES CONSTRUCTIONS LE PERMETTENT, FAIRE COUPER LES LIGNES COURBES COMME LES LIGNES DROITES SOUS DES ANGLES QUI SE RAPPROCHENT LE PLUS POSSIBLE DE L'ANGLE DROIT. Nous fesons imprimer cette règle en plus gros caractère parce que nous y attachons une très grande importance.

2me *Cas.* — Si le point donné est hors de la droite en p par exemple (fig. 24) ; nous décrirons de ce point comme centre avec une ouverture de compas suffisante l'arc mn qui coupe la droite AB en deux points m et n ; de ces points comme centre avec une ouverture de compas convenable, nous décrirons inférieurement les arcs cd, fg qui, par leur intersection r, feront connaître un second point de la perpendiculaire. Il ne restera plus qu'à joindre le point p au point r.

Observations. — Si le rayon pm était plus court que la distance ph, l'arc ne couperait pas la ligne, si le rayon était égal à cette distance, l'arc toucherait seulement la ligne ; il faut donc, pour obtenir deux points que le rayon de l'arc soit plus grand que la distance du point à la ligne ; plus ce rayon sera grand, plus il y aura de chances d'exactitude.

3me *Cas.* — Si un obstacle empêchait de prolonger la droite au-delà du point p (fig. 25) pris sur elle pour lui élever une perpendiculaire, nous ne pourrions employer la construction précédente ; il faudrait alors choisir un point d en-dehors de la ligne Ap, décrire de ce point comme centre avec un rayon égal à dp, une circonférence qui couperait la droite en un second point m ; mener le diamètre mn, et la ligne qui joindrait le point n au point p serait la perpendiculaire demandée.

Sur le terrain on peut obtenir cette perpendiculaire en employant un cordeau noué par les bouts et divisé en 12 parties égales ; un piquet planté en p (fig. 26) correspond à la 3e division, un autre en f à la 12me, et le troisième piquet d doit tendre les côtés du triangle et correspondre à la 7me division.

DES PARALLÈLES.

2me **Problème.**—*Par un point donné p (fig. 27,) mener une parallèle à une droite donnée AB.*

Plaçons la pointe sèche du compas en un des points c de la droite AB, ouvrons jusqu'à ce que l'autre atteigne le point donné et décrivons l'arc pg ; choisissons un second centre d sur la droite donnée et sans changer l'ouverture du compas décrivons l'arc fh ; puis, prenons la distance pg que nous porterons de h en f, la ligne pf sera la parallèle demandée.

Observations. —Les centres c et d doivent être éloignés le plus possible, et encore sera-t-il bien de choisir des centres intermédiaires qui donneront des arcs, et par suite des points, pour déterminer la véritable position de la parallèle.

Souvent au lieu de décrire des arcs on élève des perpendiculaires et l'on porte des longueurs égales sur chacune d'elles ; mais l'une et l'autre de ces constructions ne doivent être employées que lorsque la longueur des côtés de l'équerre n'est pas suffisante. Avec une règle parfaitement droite et une équerre qui coïncide avec elle, on mène des parallèles, bien plus exactement et bien plus vite qu'avec la plus simple et la meilleure des constructions.

DIVISION D'UNE DROITE EN PARTIES ÉGALES

3me **Problème.** *Diviser une droite en parties égales.*

En deux. — Soit la droite AB (fig. 28) à diviser ; des extrémités A et B avec des rayons convenables décrivez les arcs fg, hk ; mn, op et joignez leurs points d'intersection r et t par une droite qui déterminera sur AB, son milieu *d*.

Les moitiés Ad, dB pourront à leur tour être divisées chacune en deux parties égales et fournir successivement les divisions multiples de 2 ; 2, 4, 8, 16, 32, 64, etc.

En plus de deux parties égales. — Il faudra tracer une droite Bx, (fig. 29) qui fasse avec la ligne donnée AB un angle quelconque ; porter à partir de B sur Bx autant de parties égales Bm, mn, que l'on en voudra dans AB ; joindre le dernier point de division p à l'extrémité A, et par chacun des autres points m. n.... mener les parallèles mc nd.... à la droite Ap et les parties Ad, dc, cB seront égales entr'elles.

Observations. — Dans la pratique il est presque toujours préférable de diviser les droites par l'appréciation de leur longueur ou par le tâtonnement ; mesurez la ligne à diviser avec le double décimètre, si elle contient un nombre d'unités divisibles exactement par le nombre de parties, tous les points de division seront immédiatement connus ; ainsi qu'une ligne contienne 48 millimètres, et qu'elle doive être partagée en 12 parties, il est évident que chacune de ces parties sera de 4 millimètres.

Si le nombre d'unités n'est pas exactement divisible par le nombre de parties on trouvera d'abord, pour l'une des parties, une longueur approchée de la véritable, et après avoir fait rouler deux ou trois fois les pointes du compas sur la ligne, et apprécié à chaque fois les différences en plus ou en moins, il sera plus facile d'arriver, par ce tâtonnement, à une division exacte que par les méthodes rigoureuses.

Cependant on emploiera la construction géométrique lorsque la longueur de la ligne comparée au nombre de parties qu'elle devra renfermer sera fort petite ; ainsi soit proposé de déterminer le vingtième d'une ligne d'un millimètre de longueur ; s'il fallait indiquer les points de division sur la ligne même, ils se confondraient, quelqu'habile dessinateur que l'on fût ; voici comment on évite cette difficulté : tracez sous un angle quelconque une ligne Am (fig, 30) par l'une des extrémités A de la ligne à diviser; portez à partir de A, à la suite l'une de l'autre, autant de parties égales qu'il doit y en avoir dans la ligne à diviser ; joignez le dernier point m à l'extrémité B et menez par les autres points de division des parallèles à la ligne AB : la première cd, de ces parallèles, est le vingtième de la droite AB ; la seconde en est les deux vingtièmes ; la troisième les trois vingtièmes ; ainsi de suite.

DES ANGLES.

4me **Problème**. — *Faire un angle égal à un angle donné : soit proposé de faire un angle égal à l'angle BAC* (fig. 31.)

Du sommet A de l'angle, décrivez avec un rayon arbitraire un arc de cercle qui coupe les côtés de l'angle en deux points m et n. Si comme cela a lieu souvent, la direction xy de l'un des côtés est déjà donnée ainsi que le sommet A' sans changer l'ouverture du compas, placez la pointe sèche en A' et décrivez l'arc m' n' ; prenez la distance mn que vous porterez de n' en m' et joignez les points A'm' ; cette droite sera le second côté de l'angle.

Observations. Le rayon des arcs de construction doit être le plus grand possible. On fera bien de déterminer plusieurs points du second côté en employant des arcs de différents rayons. — Lorsque l'angle est très obtus le second côté est mieux déterminé par l'angle aigü qu'il forme avec le premier côté prolongé, ainsi (fig. 32), pour faire un angle égal à l'angle BAD, il sera préférable de prolonger le côté DA et de faire au point A' un angle B' A' Z' égal à l'angle BAZ. L'égalité des angles obtus s'en suivra.

5me **Problème.** — *Diviser un angle en deux parties égales.*

Soit donné l'angle A à diviser (fig. 33) : marquez deux points m et n à égale distance du sommet A. De ces points comme centres, décrivez avec un même rayon deux arcs qui se coupent et joignez leur point d'intersection p au sommet ; la ligne Ap sera la bissectrice de l'angle A, c'est-à-dire qu'elle le divisera en deux parties égales.

Chacun des angles mAp, pAn, peut être divisé de la même manière et ainsi de suite : ces divisions feront connaître le $\frac{1}{4}$ le $\frac{1}{8}$ le $\frac{1}{16}$ le $\frac{1}{32}$ etc. de l'angle primitif.

Observations. — La division d'un angle en 3, 6, 7, 9... parties ne peut s'effectuer que par le tâtonnement. Diviser un angle en un certain nombre de parties égales, cela revient à diviser l'arc d'un rayon quelconque, compris entre ses côtés, et décrit du sommet comme centre, en autant de parties égales qu'il doit y en avoir dans l'angle : mais les cordes égales soutendent des arcs égaux; donc il suffira d'effectuer la division de l'arc total en maintenant constamment les pointes du compas sur la courbe et en appréciant à l'œil les différences en plus ou en moins.

DU RAPPORTEUR.

Du Rapporteur. — Toute circonférence graduée peut servir de rapporteur; mais afin qu'un même angle, un même écartement de ligne soit évalué de la même manière dans tous les lieux, on est convenu d'une seule graduation. Dans le nouveau système, la circonférence est divisée en 400 parties égales et l'une de ces parties se nomme *grade*. — Pour les nombres de dix en dix fois plus grand que l'unité on emploie les mots de *décagrades*, *hectogrades*, *kilogrades*, etc., et pour les nombres de dix en dix fois plus petit que l'unité ceux de *décigrades*, *centigrades*, *milligrades*, etc. Cependant malgré l'avantage incontestable du nouveau système sur l'ancien, comme tous les instrumens de levers, de nivellement, etc. sont gradués d'après l'ancien système, ce système subsistera encore quelques temps et nous devons en indiquer la division. La circonférence est partagée en 360 parties égales ou *degrés*, chaque degré se subdivise en 60 parties ou minutes; chaque minute en 60 parties ou secondes, et ainsi de suite.

Dans l'écriture, les degrès s'indiquent par un petit zéro placé à droite et vers le haut des chiffres qui en marquent le nombre ; les minutes par un accent ; les secondes, par deux accents ; les tierces par trois, etc. 34° 20' 5'' se lira, trente-quatre degrès, vingt minutes, cinq secondes.

Le rapporteur (fig. 34) ne se compose que d'une moitié de circonférence. Il contient donc 180 degrés ; les rayons chiffrés 0 et 180 sont en ligne droite et forment le diamètre du cercle gradué. La transparence de la corne que l'on emploie pour faire cet instrument, permet de lire des deux côtés les divisions et de s'en servir quelle que soit la position des angles.

Le rapporteur est employé dans les questions suivantes : 1° *Evaluer un angle* ; 2° *Faire un angle égal à un angle donné* ; 3° *Faire un angle double, triple d'un autre*, etc.

1°. *Soit à évaluer l'angle* A' (fig. 34). Nous placerons le centre du cercle gradué sur le point A' et nous amènerons le rayon 0 à recouvrir le côté A'C' de l'angle ; l'autre côté A'B' passera par une graduation qu'il suffira de lire pour connaître l'amplitude de l'angle A'. Dans la figure cet angle est de 32°.

2°. *Soit proposé de faire un angle égal à l'angle* A, (fig. 34 bis).

Après avoir mesuré l'angle A comme nous venons de le dire et tracé une droite indéfinie xc', (fig. 34) nous prendrons sur cette ligne un point quelconque A', et nous placerons le cercle du rapporteur de telle sorte que son centre corresponde au point A' et que son diamètre recouvre la ligne xc'; puis, comptant à partir du rayon o autant de degrés qu'il y en a dans l'angle A, nous marquerons sur le papier, par un petit point, la division qui indique son amplitude, et après avoir ôté le rapporteur, nous joindrons ce point au point A'; ce sera le second côté de l'angle.

3°. *Doubler, tripler... un angle* : Il suffit de multiplier par 2, par 3... le nombre de degrés de l'angle et de construire un angle qui renferme autant de degrés qu'il y en a dans le produit.

Observation. — Comme les rayons des cercles des rapporteurs sont souvent très-petits, les directions ne sont pas fort exactes; dans la copie des angles, nous conseillons plutôt les constructions géométriques, problème 4.

INSCRIPTION DES DROITES DANS LES ANGLES.

5me **Problème.** — *Inscrire une droite déterminée de grandeur dans un angle.*

On dit qu'une droite est inscrite dans un angle lorsque ses extrémités s'appuient sur les côtés de l'angle.

Si le problème était ainsi posé il aurait un très grand nombre de solutions; mais souvent la droite inscrite est assujétie à une seconde condition, à celle par exemple d'être parallèle à une autre droite, ou de passer par un point donné, et le nombre des solutions se réduit le plus souvent à deux.

1er Cas. — *La droite inscrite assujétie à être parallèle à une droite donnée.*

Inscrire dans l'angle A (fig. 35) une droite égale à mn et parallèle à la droite db.

Portez à partir de l'un des côtés de l'angle, du côté Ad par exemple, sur la droite db une longueur dn' égale à mn; par le point n' menez la ligne n'p parallèle à Ad, et par le point p de rencontre de cette parallèle avec le côté Ab de l'angle, tracez la ligne pg parallèle à db; cette ligne satisfera aux deux conditions, d'être égale à mn et parallèle à db.

Si la droite à laquelle la ligne inscrite doit être parallèle était hors de l'angle comme dans la figure 36, il suffirait de prolonger l'un des côtés de l'angle jusqu'à la rencontre de la droite et le reste de la construction s'acheverait comme dans le cas précédent.

Lorsque la droite donnée est perpendiculaire à la bissectrice de l'angle (fig. 37), il est préférable de porter, à droite et à gauche du pied p de la perpendiculaire, la moitié de mn et de mener les deux parallèles n'a, m'b, qui déterminent sur les côtés de l'angle les extrémités de la droite cherchée; par cette construction on a un moyen de vérification, après avoir réuni les points a et b par une droite, on peut s'assurer avec l'équerre si elle est bien parallèle à m'n'.

2me CAS. — *La droite inscrite devant passer par un point donné.*

Le point peut être situé : sur l'un des côtés de l'angle ; entre les côtés ou en dehors.

Le point situé sur l'un des côtés de l'angle. — Du point donné p (fig. 38) comme centre avec un rayon égal à mn, décrivez l'arc ab qui coupera généralement le second côté de l'angle en deux points a et b ; joignez ces points au point donné et vous aurez les deux droites ap , bp, qui satisferont aux conditions demandées.

Si l'arc ne rencontrait pas le second côté le problème serait impossible ; et si l'arc passait au-dessus du sommet de l'angle, il n'y aurait qu'une seule solution.

Le point entre les côtés de l'angle , ou en dehors.

Pour ces deux positions il n'y a pas de constructions élémentaires ; on est obligé de recourir à une méthode que l'on nomme méthode des courbes d'erreurs : tracez par le point donné p (fig. 39), que nous supposons dans l'intérieur de l'angle, une suite de droites ax, by, cz, etc., et portez , à partir de leurs points de rencontre a , b , c , avec l'un des côtés de l'angle , et sur chacune d'elles, des longueurs am, bn, cd égales à mn; par les points m , n , d , faites passer une courbe qui coupera le second côté généralement en deux points ; les droites qui joindront ces points au point donné satisferont aux conditions exigées.

Si le point p (fig. 40) était extérieur à l'angle, la construction ne différerait pas de la précédente.

6me **Problème.** — *Faire un angle double , triple , quadruple etc. d'un autre.*

Soit proposé de faire un angle double de l'angle A (fig. 31). Après avoir fait toutes les opérations indiquées dans le *probléme* 4 au lieu de porter une seule fois la distance mn sur l'arc pm'n', portez-la deux fois et joignez le second point p au point A'. Pour avoir un angle triple, il faudrait porter sur le même arc, trois distances égales à mn et ainsi de suite, pour des angles quadruples, quintuples.

DES TRIANGLES.

7me **Problème.** — *Faire un triangle égal à un autre.*

Soit à construire un triangle égal au triangle ABC (fig. 41). Sur une droite xy tracée à volonté, prenez une longueur A'C' égale à AC, et du point A' décrivez l'arc mn, le point B' devra se trouver sur cet arc : du point C' comme centre avec un rayon égal à CB décrivez l'arc op, le point B devra aussi se trouver sur cet arc ; donc il sera au point B intersection des deux arcs ; il ne restera plus qu'à joindre B'A', B'C' pour achever le triangle A'B'C', qui sera égal au triangle ABC.

8me **Problème.** — *Faire un triangle connaissant la longueur des trois côtés.*

Soit m, n, p, les trois côtés.

La construction est la même que dans le problème précédent; prenez l'un des côtés pour base, m par exemple; de l'une des extrémités de la base avec un rayon égal à n décrivez un arc de cercle, de l'autre extrémité de la base avec un rayon égal à p décrivez aussi un arc de cercle ; joignez le point de rencontre de ces arcs aux deux extrémités de la base et le triangle sera achevé.

DES POLYGONES EN GÉNÉRAL.

9me **Problème.** — *Faire un polygone égal à un autre.*

Soit à faire un polygone égal au polygone AbcdfgH. (Fig. 42.)

Sur une droite indéfinie xy, prenez une longueur A'H' égale à AH. Des points A', H', comme centre avec des rayons égaux aux distances Ab, Hb, décrivez deux arcs de cercle qui par leur intersection déterminent la position du point b', Des mêmes centres avec les rayons Ad, Hd, décrivez deux arcs qui donneront la position du point d'; continuez à déterminer par des arcs de cercle la position des autres points f', g' et joignez par des droites tous ces points entr'eux comme ils le sont dans le polygone donné.

DES POLYGONES RÉGULIERS.

10me **Problème.** — *Construire un polygone régulier connaissant le nombre de ses côtés et la distance de l'un de ses sommets au centre.*

Dès que l'un des sommets d'un polygone régulier tombe sur la circonférence qui a même centre que lui, tous les autres sommets y tombent aussi; et comme les côtés du polygone sont égaux entr'eux et qu'ils deviennent des arcs, il s'ensuit qu'il suffit, pour construire un polygone régulier, de diviser la circonférence en autant de parties égales que le polygone doit avoir de côtés, et de joindre par des droites les points de division.

Cette division peut être faite par tâtonnement comme nous l'avons indiquée pour les arcs, c'est-à-dire en prenant une ouverture de compas approximative, puis fesant rouler les pointes de l'instrument sur la courbe et appréciant à l'œil la différence en plus ou en moins; cependant quelques polygones réguliers s'obtiennent par des constructions assez simples que nous allons faire connaître.

Construire les polygones de 4, 8, 16, 32... *côtés.* Après avoir tracé la circonférence qui passe par le sommet des polygones, menez les diamètres ab, cd, (fig. 43) et joignez leurs extrémités par les droites ac, cb, bd, da.

Pour construire un polygone d'un nombre de côtés double, divisez les arcs en deux parties égales ou élevez des perpendiculaires sur le milieu des côtés ac, cb, bd, da, qui rencontreront la circonférence en de nouveaux sommets.

Construire les polygones de 6, 3, 12, 24... *côtés.* La longueur du côté de l'hexagone est exactement celle du rayon du cercle qui passe par ses sommets; en ouvrant donc le compas de la grandeur de ce rayon (fig. 44) et portant à la suite les unes des autres six cordes; la circonférence sera divisée en six parties égales et l'on n'aura plus qu'à joindre entr'eux les points de division.

Le polygone régulier de trois côtés, ou triangle équilatéral, se formera en joignant les trois extrémités des arcs doubles : on obtiendra celui de 12 côtés en divisant en deux parties égales les arcs de l'hexagone et en traçant les cordes qui soutendent les demi-arcs.

Observations. — En divisant en trois parties égales les arcs sous-tendus par les côtés du triangle, de l'hexagone, du dodécagone, on obtiendrait les polygones de 9, 18, 36 côtés.

La construction géométrique du pentagone comparée au tâtonnement même d'un dessinateur peu habile est longue ; nous conseillons de recourir dans la plupart des cas à la méthode suivante qui, sans être rigoureuse, donne pour la pratique une longueur de côté d'un polygone régulier suffisamment approchée.

MÉTHODE APPROCHÉE POUR CONSTRUIRE LES POLYGONES RÉGULIERS D'UN NOMBRE QUELCONQUE DE CÔTÉS.

Divisez (fig. 45) le diamètre en autant de parties égales qu'il doit y avoir de côtés dans le polygone : des extrémités du diamètre avec un rayon égal au diamètre, plus ou moins une quantité que nous indiquerons tout-à-l'heure et qui dépend du nombre de cordes à inscrire, décrivez deux arcs qui se couperont en un point m ; joignez par une droite le point m au point s de la seconde division pour tous les polygones, et la corde ab sera la longueur du côté du polygone à construire.

Le diamètre doit être diminué de $\frac{1}{12}$ du rayon pour le polygone de 10 côtés : de $\frac{1}{9}$ pour celui de 20, de $\frac{1}{7}$ pour celui de 30.

Les polygones dont le nombre de côté est compris entre 10 et 20 s'obtiendront en ajoutant au $\frac{1}{12}$ du diamètre qui est à retrancher, les 0,003 du rayon du cercle, pour un côté de plus.

Comme il ne faut pas une très grande exactitude dans l'appréciation de ces diamètres, on devra les déterminer par le calcul, après avoir mesuré le rayon.

Nous allons, par un exemple, éclaircir ce qui

gone de 11 côtés, le rayon de la circonférence qui passe par les sommets étant supposé de 0,4. Nous diviserons d'abord le diamètre en 11 parties et nous marquerons la deuxième division; nous chercherons ensuite le rayon des arcs qui doivent nous faire connaître le point m; ce rayon est égal, pour le polygone de 10 côtés, aux $\frac{11}{12}$ du diamètre, c'est-à-dire à 0,73; puisque le polygone à construire a un côté de plus, il suffira d'ôter de ce rayon les 3 millièmes de 0,4; le millième de 0,4 est 0,0004; les trois millièmes sont donc de 0,0012 ôtés de 0,73, reste 0,72 un peu faible pour le rayon cherché : des extrémités d et b du diamètre (fig. 46) avec ce rayon nous décrirons les arcs de cercle bm, dm et nous mènerons la droite ma; la corde ab sera le côté du polygone de 11 côtés.

11me **Probléme.** — *Faire un polygone régulier égal à un autre.*

Il faudra d'abord trouver le centre du polygone donné, ce qui se fait en élevant sur le milieu de deux de ses côtés ab, cd, (fig. 47) les perpendiculaires mo, no qui se coupent au centre cherché : puis décrire une circonférence égale à celle qui passe par les sommets bacd; enfin prendre sur cette circonférence des arcs égaux à ceux qui sont soutendus par les côtés du polygone.

DES CIRCONFÉRENCES.

12me **Problème.** — *Faire une circonférence égale à une autre.*

Ouvrez le compas de la grandeur du rayon et suivez les conseils que nous avons donnés page 17.

Observations. — On a quelquefois besoin de connaître le développement de la circonférence; c'est-à-dire la grandeur rectiligne qu'elle recouvrirait si elle venait à se séparer en un point p (fig. 48) et à se rabattre sur la ligne droite xy. Il y a deux moyens de connaître ce développement; 1° En divisant la circonférence en arcs assez petits pour qu'ils puissent être regardés chacun comme sensiblement rectiligne, et en les portant tous à la suite les uns des autres sur la droite xy, de A en B; 2° Par le calcul; en mesurant le diamètre et se servant de son rapport à la circonférence; rapport qui est (page 11), de 1 à 3,1416 : Dans la figure le diamètre est de 0,04, donc la circonférence est égale 0,04 multiplié par 3,1416 ou à 126 millimètres.

13me **Problème.** — *Déterminer le centre d'un cercle.*

Prenez trois points a, b, c, (fig. 49) sur la circonférence; joignez-les par deux droites ab, bc, puis élevez sur les milieux m et n de ces lignes deux perpendiculaires qui se couperont en un point o, centre du cercle.

Observations. — En choisissant les cordes ab, bc, égales et perpendiculaires entr'elles il y aura un double avantage; la ligne qui divisera l'angle abc en deux parties égales passera nécessairement par le centre; et les lignes mo, no, qui déterminent le centre o, satisferont à cette condition bien importante de se couper perpendiculairement.

14me **Problème.** — *Faire passer un cercle par trois points donnés non en ligne droite.*

La construction est la même que celle du problème précédent.

DES TANGENTES AU CERCLE.

15me **Problème.** — *Mener par un point donné une tangente à un cercle.*

Il peut se présenter deux cas : le point situé sur la courbe ou hors de la courbe.

1er *Cas. — Le point situé sur la courbe* : tracez le rayon qui passe par le point donné p (fig. 50), la perpendiculaire à l'extrémité de ce rayon est la tangente demandée.

2me *Cas. — Le point situé hors de la courbe*, (fig. 51.)

Décrivez du point donné p avec po pour rayon l'arc de cercle mn, et joignez au point p les points m et n où l'arc coupe la circonférence donnée ; les droites pm , pn seront les tangentes demandées, car dans ce cas on peut toujours en mener deux.

16me **Problème.** — *Mener une tangente à un cercle parallèlement à une droite donnée.....* (Fig. 52).

Du centre du cercle abaissez une perpendiculaire sur la droite, et du point où cette ligne coupe la circonférence, élevez au rayon une perpendiculaire qui sera la tangente demandée.

17me **Problème.** — *Mener une tangente à un cercle qui soit en même temps perpendiculaire à une droite donnée,* (fig. 53.)

Par le centre menez un rayon parallèle à la droite donnée, et élevez à son extrémité une perpendiculaire qui satisfera aux conditions imposées à la tangente.

18me **Probléme.** — *Mener une tangente commune à deux cercles.*

1er *Cas.* — Si les cercles sont de même grandeur (fig. 54), joignez par une droite les centres, et menez par l'un deux un rayon perpendiculaire à la ligne de jonctions; la perpendiculaire à l'extrémité de ce rayon touchera les deux circonférences.

2me *Cas.* — Si les cercles sont de grandeurs différentes, décrivez dans la grande (fig. 55) et du centre c', un cercle égal à la petite; du centre c de cette dernière menez 1°. par la construction du problème 15 (2me cas) une tangente au cercle renfermé dans la grande; 2°. perpendiculairement à cette tangente les rayons cr, cn : la droite nr, passant par les points de rencontre des circonférences et des rayons, sera la tangente demandée.

Observations. — La facilité que l'on a de voir si l'arète d'une règle touche la circonférence, permet de résoudre les problèmes précédents sans aucune construction : cependant, ce moyen qui donne la direction de la tangente n'indique pas suffisamment le point de contact dans les circonférences d'un rayon un peu grand; lorsque ce point sera nécessaire, il faudra recourir aux constructions géométriques.

DE L'ELLIPSE. — DÉTERMINATION DES FOYERS.

19me **Problème.** — *Les axes d'une ellipse étant donnés, déterminer les foyers,* (fig. 56.)

De l'extrémité *a* du petit axe, comme centre, avec un rayon égal à fc moitié du grand, décrivez un arc de cercle qui coupera la droite fg en deux points FF' qui sont les foyers de la courbe.

TRACÉ DE L'ELLIPSE.

20me **Problème.** — *Les axes d'une Ellipse étant donnés, décrire la courbe.*

Nous indiquerons trois procédés.

1er *Procédé.* — A l'aide du compas. — D'après les définitions, page 11, il est évident que le grand axe est égal à la somme des rayons vecteurs : donc, si avec une partie mg du grand axe (fig. 57) nous décrivons un arc de cercle pq, du point F comme centre ; et qu'avec la partie restante mf nous décrivions de l'autre foyer F' comme centre l'arc rs, le point t où ces arcs se couperont appartiendra à la courbe ; en fesant varier la grandeur des rayons et en déterminant en même temps les points symétriquement placés au-dessus et au-dessous du grand axe, nous obtiendrons assez vite un nombre suffisant de points pour décrire la courbe.

2e *Procédé.* — A l'aide de la bande de papier (fig. 58.)

Pliez une bande de papier mince, d'un centimètre de largeur environ ; et portez sur le bord du pli à partir d'un point m, la moitié fc du grand axe, de m en G, et la moitié ca du petit, de m en p ; placez ensuite la bande sur les axes de telle sorte que le point G, extrémité du $\frac{1}{2}$ grand axe, reste constamment sur le petit ou son prolongement pendant que le point p, extrémité du $\frac{1}{2}$ petit axe, est lui-même sur le grand axe ; toutes les fois que cette condition sera remplie, le point m de la bande se trouvera sur la courbe cherchée.

3e *Procédé.* — Par le fil ou le cordeau. — Plantez deux piquets aux foyers et un troisième à l'une des extrémités f du grand axe ; entourez les piquets plantés en F et f d'un cordeau double noué de façon à ce qu'il soit tendu ; arrachez le piquet en f et employez-le comme pointe traçante en le fesant glisser le long du cordeau et en ayant soin de bien tendre les parties de cordes Ff, fF' (qui représentent les rayons vecteurs), dans toutes les positions du piquet traçant.

Observations. — Le 1er procédé convient à la détermination de quelques points isolés de la courbe ; le 2e doit être préféré dans tous les tracés qui s'exécutent sur le papier ou sur le bois ; le troisième est le plus prompt et le plus commode pour les courbes dont les axes sont très grands, mais il présente deux inconvénients graves : 1°. la corde s'allonge et il est bien difficile, pour ne pas dire impossible, de la tendre également ; 2°. l'inclinaison du piquet change, quelque soin que l'on prenne, et la pointe traçante dévie de la direction rigoureuse ; sur le terrain et pour des opérations qui n'exigent pas une grande précision, ce procédé offrira cependant, par sa promptitude et sa facilité, de très-grands avantages.

Le but des deux premiers procédés est de construire des points de la courbe ; si la courbure dans l'Ellipse était partout la même, il serait bien de déterminer les points à peu près à égale distance les uns des autres; mais cette courbure change à chaque moment ; elle est faible vers les extrémités du petit axe et souvent grande vers les extrémités du grand : voici un conseil qui ne regarde pas seulement l'ellipse mais toutes les courbes que l'on aura par la suite à construire : *rapprochez les points que vous déterminez à mesure que la courbure de la ligne augmente.*

TANGENTES ET NORMALES A L'ELLIPSE.

21me **Probléme.** — *Mener par un point donné une tangente à l'ellipse.*

Le point peut être situé sur la courbe ou hors de la courbe.

1er *Cas.* — Mener une tangente à l'ellipse par un point donné sur la courbe.

Soit donné sur l'ellipse le point p (fig. 60).

Joignez le point p aux foyers par les droites Fp, pF', divisez l'angle des rayons vecteurs, FpF', en deux parties égales par la droite px, et menez à cette ligne, par le point p, la perpendiculaire ab qui sera la tangente demandée.

La bissectrice px est la normale au point p : les opérations pour la construire indépendamment de la tangente sont donc bien simples ; joindre par deux droites le point donné aux foyers et diviser en deux parties égales l'angle de ces droites.

2me *Cas.* — Mener une tangente à une ellipse par un point extérieur à la courbe.

Du point p donné (fig. 61) comme centre, avec un rayon égal à sa distance au foyer le plus voisin F, décrivez l'arc a Fc; de l'autre foyer comme centre avec un rayon égal au grand axe, décrivez un second arc de cercle anc qui coupera le premier aux points a et c; joignez ces points par les droites aF, Fc et les perpendiculaires abaissées du point donné p sur ces lignes seront les tangentes demandées.

Pour obtenir les points de contact il suffirait de joindre les points a et c à l'autre foyer.

22me **Problème**. — *Par un point pris hors de l'ellipse mener une normale à la courbe.*

Ce problème n'a pas de solution directe, il faut recourir à une courbe auxiliaire. Menez (fig. 62) quelques tangentes dans le voisinage du point de rencontre présumé de la courbe et de la normale, abaissez du point donné des perpendiculaires sur les tangentes et faites passer par les pieds de ces perpendiculaires une courbe qui touchera l'ellipse en un point; la droite qui joint ce point au point donné est la normale demandée.

Cette construction convient non-seulement à l'ellipse, mais encore à toutes les courbes auxquelles on sait mener des tangentes.

Nous terminerons ici les problèmes que nous considérons comme essentiels pour la copie des dessins : Tous doivent être résolus graphiquement avec soin et dans l'ordre et la disposition indiqués par les planches, seulement à une échelle deux fois plus grande ; c'est-à-dire en doublant toutes les longueurs. Il ne faudrait pas se borner à copier les figures des planches, ce travail ne conduirait à rien : mais après avoir choisi des données différentes de celles employées dans ce chapitre, on devra, par la lecture et l'intelligence du texte, arriver à des résultats particuliers.

Le dessin des feuilles destinées à représenter la solution des problèmes précédents, comme celui de toute autre feuille, exige la connaissance assez complète des instrumens, des préparations de couleurs, de papier, etc. ; nous allons, dans le chapitre suivant, nous en occuper d'une manière spéciale.

CHAPITRE IV.

§ 1er. — *Instruments, Couleurs, Papier, Correction, etc.*

DU CRAYON.

Le crayon est formé d'une petite verge de mine, naturelle ou artificielle, nommée *plombagine*, logée dans un cylindre de bois. Voici les qualités d'un bon crayon pour le trait : — le bois facile à tailler; — la mine douce, ne coupant pas le papier et ne s'égrenant pas trop facilement ; — les traits disparaissant assez vite et entièrement par l'action de la gomme ou de la raclure de peau de gant; — enfin la pointe se formant sans se casser. Les meilleurs crayons pour le trait sont ceux de Conté, n°. 2 ; les contrefaçons sont nombreuses et mauvaises; le prix des crayons Conté véritable est de 4 fr. 40 la douzaine ou 0,40 c. la pièce.

Quelques fabriques produisent des crayons suisses, noirs, luisans, assez bons, le prix en est de 2 fr. 25 la douzaine et 0 20 c. la pièce (1).

(1) Ces prix et les suivans m'ont été donnés par M. DUTILLEUX; on trouvera dans ses magasins, rue St-Jean-en-Lestrée, n. 31, tous les objets nécessaires au dessin en bonne qualité et à des prix modérés.

Le crayon se taille avec un canif, il faut autant que possible, faire les coupures *planes* pour arriver à la forme indiquée par la fig. 63.

Précautions. — Tailler le crayon avec un canif qui coupe ; appuyer la mine sur le pouce de la main droite pour qu'elle résiste mieux à l'action de la lame du canif; ne pas laisser tomber le crayon et ne pas le charger lorsqu'il porte à faux, car la mine se casse dans l'intérieur et elle s'enlève par portion lorsqu'on le taille.

DE LA RÈGLE.

La règle, ainsi que nous l'avons dit, a deux grandes faces et quatre étroites dont deux longues servent de directrices aux instruments, et les deux autres sont les bouts de la règle.

Pour qu'une règle soit bonne, il faut : — qu'elle soit droite (voyez la manière de vérifier une règle, page 14.) — Qu'en s'en servant elle adhère un peu au papier et s'applique parfaitement sur lui lorsqu'il est tendu ; — que la fibre du bois soit serrée; — enfin, que son épaisseur n'excède pas, pour les règles ordinaires de $0^{m},60$ de longueur, deux millimètres.

Le prix d'une bonne règle ordinaire est de 1 fr. 50.

DE L'ÉQUERRE.

Nous avons déjà parlé de l'équerre (page 15, fig. 16) ; pour être bien conditionnée elle doit : — S'appliquer parfaitement comme la règle sur la feuille tendue et adhérer un peu avec elle. — Etre de la même épaisseur que la règle. — Enfin avoir toutes les faces de son épaisseur parfaitement droites; la vérification s'en fera comme pour la règle.

L'équerre dont la longueur du grand côté de l'angle droit est de 0m,25 à 0m,27 coûte 1 fr. 70.

DE LA PLANCHETTE.

Il y a des planchettes de toutes dimensions ; leur épaisseur varie avec la grandeur; dans tous les cas, elles doivent être— planes — sans fentes, trous ou nœuds susceptibles de s'enlever, — et en bois blanc, pour que l'humidité ne colore pas la feuille par l'action d'un bois foncé.

Le prix d'une planchette de 0m,65 sur 0m,50 est de 2 à 3 fr.

Précautions. — On ne doit pas laisser exposées à l'action de la chaleur et de l'humidité, les règles, les équerres et les planchettes parce qu'elles se voileraient; pour éviter le même inconvénient, il ne faut pas les charger lorsqu'elles portent à faux.

Servez-vous des règles et des équerres avec une grande précaution, car le moindre choc en altère, ou les arêtes ou les faces, et les lignes que l'on trace alors, au lieu d'être droites, sont toutes ondulées; tenez ces instrumens dans une grande propreté; la saleté qu'ils déposent sur le papier par leur frottement continuel s'enlève difficilement : pour les nettoyer, on les frotte à sec sur un morceau de papier un peu rude ; ou, s'ils sont très sales, on les lave avec du savon et une éponge légérement imbibée d'eau ; pour les faire sécher on les place sur une table bien plane, une planche par-dessus que l'on charge de quelques poids.

Si la planchette doit servir avec un T (instrument qui n'est qu'une règle (fig. 64) à laquelle on en a joint une autre à rainure, qui glisse le long des faces de l'épaisseur de la planchette), il faut lui donner les mêmes soins qu'à la règle; dans tous les cas, lorsqu'on sera pour coller une feuille, il faudra enlever de la face de la planchette tout ce qui peut rester des anciennes feuilles, ainsi que les tâches et la saleté.

DU DOUBLE DÉCIMÈTRE

Le double décimètre a la forme indiquée par la fig. 65, son nom indique sa longueur totale; cette longueur est d'abord divisée par une grande ligne, en deux parties chacune d'un décimètre (dixième partie du mètre); le décimètre est divisé en dix parties égales par des barres du tiers de la face environ: chacune de ces parties est un centimètre; l'instrument en contient vingt qui sont numérotés de gauche à droite. Enfin les centimètres sont subdivisés chacun en dix parties égales par des barres moitié moins grandes que celles des centimètres, et l'une de ces parties est un millimètre.

Le millimètre est donc la plus petite division marquée sur le double décimètre. Il en faut 10 pour faire un centimètre; 100 pour faire un décimètre, et 1,000 pour faire un mètre.

Un double décimètre bien divisé est un instrument précieux dans la plupart des opérations du dessin : Il sert à apprécier des longueurs; à diviser des lignes, à déterminer des pentes; tout en le promenant sur un dessin on juge de la grandeur de ses parties, de leur relation, des changemens possibles; etc..... Nous ne pouvons trop en recommander l'usage.

Un double décimètre coûte de 0,75, à 1 fr.

DU COMPAS.

Le compas simple se compose de deux branches réunies à charnière, à l'une de leurs extrémités et terminées à l'autre par deux pointes; en ouvrant ou fermant la charnière, les pointes s'éloignent ou se rapprochent à volonté et restent dans l'écartement qui leur a été donné par le frottement de l'assemblage; ce frottement peut être augmenté ou diminué en tournant avec une clef une plaque ronde, percée de deux trous, qui couvre la charnière.

Dans un compas bien fait les pointes doivent être en acier, fines, et se réunir de manière à n'en former qu'une; l'assemblage doit permettre le mouvement des branches sans secousse, sans sauts; pour s'assurer de sa bonté on ouvre le compas, puis on prend les pointes vers leurs extrémités avec le pouce et l'index et on rapproche doucement les branches; si le mouvement s'opère d'une manière continue, très uniforme sous une pression égale, la charnière est bonne.

Un compas à deux pointes fixes de $0^m,12$ de longueur se vend de 1 à 2 fr.

Le compas simple ne sert qu'à mesurer ou à reporter des distances; le compas à pièces de rechange permet de décrire des circonférences au crayon et à l'encre ; l'une de ses pointes s'enlève et peut être remplacée par un porte-crayon ou un tire-ligne. Ces pièces se fixent à la branche du compas par un tenon et une vis ; vers le milieu de chacune d'elles est une charnière qui donne la facilité d'augmenter ou de diminuer les distances sans changer la direction de la branche, et aussi de faire porter à la fois, sur le papier, les deux lames du tire-ligne, ou la mine du crayon dans son épaisseur la moins grande. Les pièces de rechange doivent être fixes lorsqu'elles sont réunies à la branche et se rapprocher autant que possible de la pointe soudée lorsque l'instrument est fermé.

Le prix d'un compas à pièces de rechange est, suivant la grandeur, de 3 fr. 25 c. à 5 fr.

Le prix d'une boîte d'un seul compas à pièces de rechange, de 6 fr.

Le prix d'une boite à deux compas dont l'un à pièces de rechange, avec grand tire-ligne et rapporteur est de 8, 50 c.

Précautions. — Ne pas forcer la charnière afin que les pointes restent unies ; les tenir toujours égales et bien effilées ; — se garder de laisser tomber l'instrument ou de le frotter sous un objet quelconque qui le chargerait ; — mettre les tenons des pièces de rechange bien carrément dans l'ouverture pratiquée pour les recevoir ; avoir le même soin en les ôtant ; — essuyer le tire-ligne chaque fois que l'on s'en est servi, et desserrer la vis qui tend les lames ; — enfin conserver tout l'instrument avec ses pièces dans une grande propreté, préservant, par tous les moyens possibles, le fer des branches ou du tire-ligne de l'attaque de la rouille.

DU TIRE-LIGNE.

Nous avons dit (page 20) en quoi consistait le tire-ligne. Pour que ses lames conservent l'écartement que leur donne la vis et pour qu'elles ne s'usent pas trop vite par le frottement du papier il faut qu'elles soient en acier. — Elles doivent aussi se correspondre parfaitement et n'avoir à leur extrémité traçante qu'un millimètre de largeur au plus. Pour s'assurer si les lames sont de même longueur on place l'extrémité du tire-ligne sur le doigt au grand jour, et on l'examine avec une grande attention en fesant faire deux ou trois tours à l'instrument. Pour reconnaître si les lames sont bien affilées on regarde l'extrémité du tire-ligne par le bout, toujours au grand jour, et en le tournant dans les doigts; si les lames ont des points brillans, larges, le tire-ligne ferait certainement des traits trop gros. Lors même qu'à l'œil toutes les conditions d'un bon tire-ligne sembleraient être remplies, il pourrait arriver qu'il ne donnât pas de lignes fines et pures; mais avec cette précaution de choisir des lames d'acier et en employant les moyens indiqués page 21, on parviendra toujours à en faire disparaître les imperfections.

Le prix d'un bon tire-ligne est de 3 à 5 fr.

Précautions. — Tenir l'instrument dans une grande propreté; — L'essuyer avec soin après que l'on s'en est servi. — Desserrer la vis lorsqu'on ne l'emploie pas ; — Se garder de le charger ou de le laisser tomber.

DU PIQUOIR.

Le piquoir est une aiguille fine introduite par sa tête, jusqu'au trois quarts, dans la moële d'une petite branche d'arbre (fig. 66). Lorsque l'aiguille est assez ferme et assez longue on se contente de garnir sa tête d'une petite boule de cire. L'aiguille du piquoir doit être fine, bien piquante et droite. Il ne faut jamais se servir des pointes placées dans l'intérieur des tire-lignes.

POINTE A DECALQUER.

La pointe à décalquer est aussi formée d'une aiguille emmanchée dans une petite branche d'arbre, mais plus forte que celle du piquoir, et émoussée de manière à ne pas déchirer le papier lorsqu'on suit un trait.

DU PAPIER.

On emploie dans le dessin trois espèces de papiers : le papier de pâte, blanc et fort ; le papier transparent ou végétal, et le papier à décalquer.

Le meilleur papier de pâte est celui fait à la forme et avec la toile. Comme le coton est généralement employé, presque tous les papiers en contiennent ; alors leur apparence est d'un blanc laiteux, ils sont mous au toucher et l'action de la gomme altère de suite leur surface en la couvrant de petits fils. Les papiers faits à la mécanique sont moins bons que les autres, souvent il est impossible de s'en servir pour le lavis.

Des deux faces d'une feuille l'une est quelquefois préférable. Pour reconnaître la meilleure on présente la feuille à la lumière d'une fenêtre et on place l'œil presque dans le plan de la feuille pour en voir la surface très obliquement; les parties polies et brillantes annoncent des coups de plioir donnés pour enlever quelques imperfections; les parties mattes, ternes proviennent de l'absence de la colle ou du manque de précaution dans la fabrication et le séchage; les unes et les autres produiraient des taches au lavis.

Il est d'autres défauts qu'on ne peut découvrir qu'en collant la feuille; ainsi, si après l'avoir mouillée vous voyez certaines parties, quelquefois sans forme, d'autres fois rondes, devenir promptement demi transparentes, (on dit alors que l'eau perce) vous pouvez être certain qu'au lavis toutes ces parties plus tôt imbibées donneront lieu à des taches.

Le bon papier est ferme sous la main; son apparence tire un peu sur le chamois, il raisonne quand il est sec, et sa surface a un demi-brillant parfaitement uniforme.

Les papiers vélins ou sans lignes seront préférés pour les dessins faits avec soin, les papiers vergés ou traversés par des lignes conviennent aux dessins à une grande échelle et moins soignés.

Voici la grandeur, le nom et le prix des principaux papiers employés pour le dessin.

Plus petite DIMENSION.	Plus grande DIMENSION.	NOMS.	PRIX DE LA FEUILLE.
0m,420	0m,500	Carré.	0,20 c. la f.
0m,445	0m,585	Petit raisin. . . .	0,25
0m,480	0m,630	Grand raisin. . .	0,30
0m,525	0m,690	Jésus.	0,40
0m,570	0m,845	Colombier. . . .	0,60
0m,670	1m,040	Grand Aigle. . .	1 fr.
0m,850	1m,200	Grand Monde	de 1 fr. à 1 fr. 50

PAPIER VÉGÉTAL.

Le papier végétal est d'autant meilleur qu'il est plus transparent et exempt de taches.

Il y en a de deux sortes : du mince et du fort ; ce dernier convient aux dessins qui doivent rester sur ce papier et être lavés.

PAPIER A DÉCALQUER.

Le papier à décalquer est fait de papier blanc, mince, ou de papier végétal recouvert, sur l'une de ses faces de plombagine ou de sanguine. L'une ou l'autre de ces substances est réduite en poudre à l'aide du canif et étendue à sec avec un morceau de papier disposé en tampon ; on frotte dans plusieurs sens ; on frappe à la fin de l'opération pour faire tomber la poussière qui n'est pas attachée, et on essaye avec le décalquoir sur un morceau de papier blanc pour voir s'il faut remettre ou ôter de la couleur.

COLLAGE DES FEUILLES DE PAPIER.

Pour coller une feuille, le papier est mouillé à son revers avec une éponge et laissé en repos pendant quatre ou cinq minutes, après ce tems on retourne la face mouillée du côté de la planchette et on commence le collage successivement par le milieu de ses quatre bords. Afin de ne pas salir la feuille on a préparé à l'avance quelques bandes de papier blanc mince, de quatre à cinq centimètres de longueur. L'une de ces bandes est placée sur le milieu qui doit être collé ; elle est maintenue par les doigts de la main gauche ; alors on introduit entre la feuille à coller et la planchette le morceau de colle à bouche que l'on a humecté en le tenant quelques instans entre les lèvres : on frotte en appuyant avec les doigts placés sur la bande pour forcer la colle à s'attacher au papier et à la planchette ; lorsqu'on juge cet effet produit, on ne maintient plus la bande que par le pouce et l'index de la main gauche et on oblige le bord de la feuille par un frottement assez fort, exercé avec l'ongle du pouce de la main droite, à se fixer à la planchette (fig. 67 et 68 pour ces opérations.)

Le milieu des bords étant collé on collera les quatre coins, puis les parties intermédiaires jusqu'à ce que le pourtour entier de la feuille soit collé à la planchette.

Les précautions à prendre dans le collage du papier sont — de mouiller uniformément (1) la feuille, *les bords comme le milieu*, — de ne la point tirer de côté ou d'autre.—D'opérer avec promp-

(1) Les papiers faibles ou moins collés demandent à être peu mouillés ; les papiers forts ou très collés veulent plus d'eau.

titude surtout si les dimensions de la feuille sont grandes, — et de laisser sécher à l'ombre sans prétendre hâter l'opération par la chaleur du soleil ou du feu ; car, souvent le papier se sèche dans le milieu, le retrait se fait pendant que la colle n'est pas *prise*, et toute la besogne est à recommencer.

DES CORRECTIONS.

Les traits de crayon s'enlèvent par le frottement de la gomme élastique, ou mieux de la raclure de peau de gants, cette dernière substance contient une grande quantité de colle qui corrige en quelque sorte le mauvais effet du frottement.

Les traits à l'encre s'enlèvent sur le papier ordinaire avec le grattoir ou en mouillant la ligne avec le pinceau et frottant vivement avec un morceau de papier mince dont on a enveloppé l'index de la main droite. Sur le papier végétal, on fera disparaître les traits petit à petit avec un *tortillon* de papier, mouillé par le bout.

Le teintes, ou des parties entières de traits d'une feuille s'enlèvent avec l'éponge imbibée d'eau : après avoir mouillé la partie à enlever on laisse détremper l'encre ou les couleurs pendant une minute ou deux et on promène ensuite l'éponge dans tous les sens et en appuyant légèrement. Si la correction n'avait que peu d'étendue, et qu'elle dût avoir lieu dans une partie chargée de lignes ou de teinte, on pourrait l'enlever à l'éponge, mais en découpant, préalablement un morceau de papier de telle sorte que placé sur le dessin, il ne laissât à découvert que la partie à enlever et qu'il couvrit les parties voisines; au milieu de grandes teintes on peut, par ce moyen et avec un peu d'attention, détacher des clairs d'une netteté aussi parfaite que s'ils eussent été réservés.

Toutes les corrections altèrentla surface du papier et la rendent spongieuse ; pour les corrections de peu d'importance une couche d'eau d'alun et le frottement avec la raclure de peau de gants suffisent; mais pour les grandes corrections il est indispensable de coller de nouveau le papier surtout, si la place qu'elles occupaient sur la feuille doit être recouverte de traits ou de teintes. L'encolage est liquide, il se place avec le pinceau lorsque le papier est sec; voici sa composition :

Eau distillée 1 partie, en poids,

Colle de poisson. $\frac{1}{100}$

Savon blanc. . . $\frac{1}{100}$

Alun. . . . . . . $\frac{1}{20}$

Ecrasez la colle avec un marteau, faites-la bouillir dans l'eau jusqu'à parfaite dissolution, ajoutez le savon blanc coupé par morceau et lorsque la préparation est à moitié refroidie, versez l'alun que vous aurez réduit en poudre.

On peut se procurer des bouteilles d'encollage tout préparées; le prix en est de 0,60 c.

ENCRE DE LA CHINE.

L'encre de la chine est en bâton de forme et de grosseur différentes selon le prix; elle se délaye dans l'eau et donne un noir tirant généralement sur le roux. L'encre de la chine la meilleure est celle qui a été bien broyée et qui permet de revenir sur des teintes déjà placées sans les enlever ni les tâcher. Pour s'assurer de la première de ces qualités on frotte le bâton d'encre sur un morceau de verre mince légérement mouillé d'eau pure; on laisse sécher, et l'apparence de l'encre doit être unie, brillante, avec des reflets bronzés, métalliques; de plus, en présentant le verre à la lumière la couche d'encre doit paraitre bien transparente et exempte de petites parties obscures qui la couvrent comme de points noirs lorsqu'elle est mal fabriquée.

On s'assure de la fixité de l'encre en traçant une ligne assez grosse avec une encre bien noire et en promenant dessus, lorsqn'elle est sèche, deux ou trois fois le pinceau chargé d'eau; si le trait s'élargit et que l'encre se mêle à l'eau en formant des bavures, c'est une preuve certaine que l'encre, au moins pour le lavis, n'est pas convenable, car en recouvrant les teintes elles se tacheraient infailliblement.

L'encre pour le trait se fait en mettant l'eau dans un godet dont le fond est très uni et en frottant le bâton circulairement, et toujours du même côté, jusqu'à ce que la couleur ait presque la consistance du miel.

L'encre pour le lavis est mieux faite avec le doigt : après avoir placé l'eau dans le godet on frotte le bâton sur le doigt mouillé jusqu'à ce que les gouttes qui en tombent aient donné à l'eau une teinte convenable; nous recommandons pour les teintes d'encre de chine, comme pour celles de toutes couleurs, de les laisser reposer quelques minutes et de les transvaser en jetant la partie déposée. Les réservoirs en papier pourront être substitués avec avantage aux godets en faïence ou en porcelaine

Lorsque l'encre a été séchée dans le godet elle ne peut plus resservir : il faut en faire de la nouvelle chaque fois : on doit aussi essuyer avec soin l'extrémité du bâton qui a été mouillée. Pendant le travail, si l'encre s'épaissit, on peut ajouter quelques gouttes d'eau, mais il faut alors se contenter, pour mêler l'encre à l'eau, d'agiter le godet afin de ne pas détacher l'ençre séchée.

Le prix du bâton d'encre de la chine de la forme et de la grandeur de la figure 69 est de 1 fr. 10 c. ; l'encre de la chine dite au lion figure 70 coute 1 fr. 73 c.

CARMIN.

Le carmin est en tablette et demi-tablette et sa couleur d'un beau rouge foncé : il est peu adhérent au papier et passe vite à l'action de la lumière. Il se délaye comme les autres couleurs, dans l'eau, pour être employé avec le tire-ligne ou le pinceau.

La tablette coûte	. . . . .	7 fr.
Et la 1/2 tablette	. . . . .	3 fr. 50,

BLEU DE PRUSSE.

Le bleu de Prusse est une couleur d'un bleu vif, tirant un peu sur le vert : généralement pour l'employer en teinte claire il est bon de le mêler avec un peu de carmin. Cette couleur est difficile à fabriquer : souvent elle est dure à délayer et la partie colorante semble se séparer de l'eau pour se réunir en de petits flocons dispersés dans la teinte. Il faut l'acheter de confiance ou essayer les tablettes dans le fond d'un godet ou sur une palette de faïence.

La tablette de bleu Prusse coûte 1 fr.

GOMME-GUTTE.

La meilleure gomme gutte est celle que l'on trouve en gros morceau brut, chez les marchands droguistes. Elle est d'un beau jaune, brillant et transparent.

Les quatre couleurs précédentes suffisent à la rigueur pour les dessins géométriques ; par leur combinaison on peut arriver à toutes les nuances, mais souvent après de longs essais : c'est pourquoi nous conseillons l'emploi des couleurs suivantes : la sépia, la terre de sienne brûlée, la teinte neutre, l'ocre jaune, le gris de peyne, et le style de grain d'Angleterre.

DES PINCEAUX.

Les pinceaux servent à prendre les teintes de couleurs et à les étendre sur le papier.

Un pinceau est bon lorsqu'il est élastique et qu'il fait bien la pointe : pour l'essayer on le trempe dans un verre d'eau et on le courbe en l'appuyant sur l'angle ou sur du papier ; s'il revient promptement à sa première position, et qu'en le secouant sa pointe reste bien ronde sans faire la fourche ou sans poil qui dépasse, on peut espérer avoir fait un bon choix.

Deux pinceaux suffisent pour toute espèce de lavis : ils doivent être de la grosseur indiquée par la figure 71, et réunis seulement par leur plume, sans hampe. Lorsque les plumes sont de même grosseur on les met tremper quelques minutes dans l'eau on fait une fente de quelques millimètres à l'une d'elles et on l'introduit dans l'autre jusqu'à ce que le frottement les unisse d'une manière satisfaisante. Le prix d'un bon pinceau est de 1 fr. 50 à 2 fr. Les meilleurs pinceaux qui sont en poils de marthe coûtent de 6 à 10 fr.

Précautions. — Tenir les pinceaux dans une grande propreté ; les laver toutes les fois que l'on s'en est servi, et à plusieurs reprises; les placer dans la boîte ou le tiroir avec précaution pour qu'ils ne sèchent pas étant courbés ou avec leur pointe rebroussée; enfin étendre l'alun ou l'encollage plutôt avec de vieux qu'avec de bons pinceaux.

Nous terminons ici ce que nous croyons utile de dire des instrumens et des préparations que nous regardons comme nécessaires pour le dessin géométrique. Nous pourrions commencer immédiatement la copie des dessins, mais comme les feuilles à copier renferment généralement des titres, nous allons, dans le paragraphe suivant, faire connaître les proportions des lettres et la manière de les tracer.

§ 2. — *Des écritures employées pour les feuilles de dessin.*

Les lettres employées pour les feuilles de dessin sont de deux caractères : *Romains* ou *Italiques* et selon l'importance du titre ; *Majuscules* (grandes lettres), ou *Minuscules* (petites lettres). Les majuscules sont aussi appelées *Capitales*.

Nous donnerons d'abord les proportions des Majuscules qui sont verticales dans l'écriture romaine, et penchées dans l'italique ; à la pente près, la forme des lettres est la même, et ce que nous dirons de l'une de ces écritures devra s'entendre de l'autre.

Toutes les majuscules dans un mot ont même hauteur; elles sont comprises entre deux lignes parallèles ; mais leur largeur varie ; cependant nous fixerons aux trois quarts de la hauteur la largeur de la plupart des lettres, établissant toutefois les exceptions suivantes : pour l'M les $\frac{7}{8}$ de la hauteur ; pour l'H, le G , l'R, le T et V, l'N, les $\frac{3}{4}$ un peu fort ; pour l'F, l'L, le Z , les $\frac{3}{4}$ un peu faible ; pour le J et l'S les $\frac{5}{8}$, enfin pour l'I la moitié des $\frac{3}{4}$ ou de la largeur.

Dans les majuscules on distingue de gros traits ou pleins, et des traits fins ou déliés destinés à limiter les pleins, à porter des appendices et à varier la forme des lettres.

L'épaisseur des pleins est le sixième au moins de la hauteur.

La grosseur des traits fins doit être proportionnée à la grandeur de l'écriture.

Tous les traits horizontaux, ou plus exactement tous ceux qui sont, ou sur les lignes qui fixent la hauteur des lettres, ou parallèles à ces lignes, doivent être fins. Pour distinguer les pleins des déliés dans certaines lettres, l'A, l'N, le V etc., voici une règle infaillible : Tracez la lettre simplement dans le sens ordinaire de l'écriture, c'est-à-dire de gauche à droite ; les traits qui auront été faits en montant devront être fins, et ceux qui auront été faits en descendant devront être gros. Dans l'A, par exemple, pour tracer cette lettre *en allant constamment vers la droite,* il faut poser le crayon sur le papier, remonter pour faire le jambage de gauche et, arrivé au sommet de la lettre, descendre pour faire celui de droite ; le premier trait sera donc fin et le second gros. — Pour l'N il faut remonter pour le jambage de gauche, descendre pour celui du milieu, et remonter pour celui de droite ; donc le 1er et le 3e traits seront fins et le 2e gros. — Pour le V on descendra pour faire le jambage de gauche et il faudra remonter pour faire celui de droite, le plein sera donc à gauche.

L'espacement des lettres, ou la distance de l'une à l'autre, est le huitième de la hauteur. (L'espacement des mots ne sera pas moins d'une largeur de lettre. Les espacemens se comptent à partir de l'extrémité des traits fins horizontaux lorsque la lettre en a, et non à partir des pleins) (1).

(1) Lorsque les jambages ou les bras de deux lettres qui se suivent sont disposés de telle sorte qu'ils puissent entrer les uns sous les autres, comme le T et l'A, l'F et l'A, l'A et le

Plusieurs majuscules sont composées de deux parties, l'une supérieure, l'autre inférieure; la dimension de cette dernière partie doit toujours excéder un peu l'autre : ainsi dans le B la boucle inférieure sera un peu plus grande que la boucle supérieure : dans l'E le bras inférieur sera plus long que l'autre : dans le G le plein inférieur dépassera un peu le délié inférieur du haut : dans l'R, l'S, l'X et le Z les parties inférieures seront maintenues un peu plus fortes pour mieux asseoir les lettres.

Les proportions générales des majuscules étant établies, nous allons indiquer comment on arrive à disposer les lettres sur un dessin.

Un titre est presque toujours assujéti à être divisé en deux également par une ligne fictive; il faut alors que la moitié des lettres du titre soit à gauche de cette ligne et l'autre moitié à droite; on commencera donc par compter les lettres du titre en ajoutant une lettre pour chaque espacement d'un mot à un autre : on prendra la moitié du nombre total et à l'aide d'une bande de papier sur le pli de laquelle on aura marqué la largeur moyenne des lettres et leur espacement, il sera facile d'indiquer la place de chaque lettre.

Nous allons suivre toutes les opérations à faire pour écrire comme titre du cadre fig. 72 le mot **BATIMENS** en capitales de romaine

V, l'espacement entre ces lettres sera nul; et même, si cet espacement était fort petit entre les autres lettres on pourrait faire recouvrir les rectangles qui appartiennent aux lettres qui se croisent.

de 12 millimètres de hauteur, le milieu de ce mot devant correspondre au milieu de la largeur du cadre.

1°. Tracez au crayon la ligne AB qui divise en deux parties égales le cadre, et les parallèles xy, zv qui limitent la hauteur de l'écriture; menez en un point de ces parallèles la perpendiculaire ab et partagez cette ligne en 4 parties égales.

2°. Pliez une bande de papier mince, puis marquez sur le pli deux points b'c' embrassant trois parties de la ligne ab, et à droite du point c' le point m éloigné du point c' de la moitié de ca; marquez aussi le milieu de b'c' par un point d.

3°. Comptez les lettres du titre; le mot bâtiment en contient 8, dont la moitié est 4; la ligne AB doit donc passer entre l'I et l'M. Cependant à cause du point qui suit le mot, nous ferons toucher l'M à cette ligne. Portez la bande sur les parallèles, et faites coïncider le point b' avec la ligne AB en maintenant le pli de la bande dans la direction de la parallèle supérieure; marquez sur cette ligne le point 1 correspondant au point m, puisque l'M est plus large que les autres lettres de la quantité de c'm; glissez la bande jusqu'à ce que le point c' corresponde au point 1, et marquez vis-à-vis de m le point 2 : la distance o,1 sera pour la largeur de l'M et la distance 1,2, pour l'espace à laisser entre l'M et la lettre suivante; avancez la bande pour faire coïncider le point b' avec le point 2, et marquez vis-à-vis des points c' et m, deux points 3 et 4. Faites encore avancer la bande pour placer le point b' sur le point 4 et marquez les points 5 et 6 qui correspondront aux points c' et m. Continuez de faire avancer la bande pour placer le point b' sur le point 6 et marquez un point 7 plus à gauche que le point c' d'une quantité égale à c'm, puisque l'S ne doit être que les $\frac{5}{8}$ de la hauteur.

La place des lettres **M E N S** et leur espacement seront déterminés.

Pour avoir la première moitié du mot, faites glisser la bande vers la gauche jusqu'à ce que le point m tombe sur le point o, et marquez les deux points 1', 2' vis-à-vis des points c' et d de la bande, la distance 1'2' n'est que moitié de largeur des autres lettres parce qu'elle est réservée à la lettre **I**; Avancez la bande vers la gauche jusqu'à ce que le point m tombe sur le point 2' et marquez les points 3' et 4 vis-à-vis de c' et b'; continuez d'avancer la bande, mais comme l'**A** peut entrer sous le bras du **T**, ne laissez pas d'intervalle entre ces lettres ; faites correspondre les points c' et 4', puis marquez le point 5' vis-à-vis de b', enfin amenez le point m sur le point 5' et marquez les points 6' et 7' vis-à-vis de c' et b' : l'emplacement de chacune des lettres du mot bâtimens, sera fixé.

4°. Par les points 7',6',..... 6,7 menez avec le crayon et à vue des perpendiculaires aux parallèles xy,zv. Ces lignes détermineront des rectangles dont les uns étroits et égaux seront pour l'espacement des lettres et les autres plus larges pour les lettres mêmes. On inscrira le **B** dans le rectangle correspondant à 7',6', l'**A** dans le rectangle correspondant à 5',4', le **T** dans le rectangle correspondant à 4',3' et ainsi de suite.

Aucune partie d'une lettre ne peut sortir du rectangle dans lequel elle doit être inscrite ; les traits fins horizontaux supérieurs ou inférieurs doivent donc y être renfermés, alors, au lieu de commencer le plein du **B** sur la ligne 7',8 on laissera un petit intervalle entre cette ligne et la ligne de gauche du plein. Les bras du **T** pourront toucher les lignes du rectangle puisqu'aucun trait ne dépasse leur extrémité verticale. Il en serait de même de l'**O**, du **C** et du **Q**.

Pour inscrire les lettres dans les rectangles qui leur sont assignés, on fera bien d'examiner avec attention l'Alphabet que nous avons placé dans le cadre (fig. 72) et les majuscules intercalées dans ce texte.

Les observations suivantes sur chaque lettre seront aussi de quelque utilité.

A. La barre partageant en deux également la distance du plein aux traits fins inférieurs, et le sommet sur la ligne qui divise en deux parties égales la largeur totale de la lettre.

B. Pour que la boucle inférieure soit un peu plus grande que l'autre, il faut que le trait qui les lie soit un peu au-dessus du milieu du jambage.

C. Le trait inférieur touchant le côté droit du rectangle, et la tête un peu en arrière de ce côté.

D. La largeur de la boucle un peu moins forte au sommet qu'à la base.

E. L'appendice doit avoir sa ligne horizontale un peu au-dessus du milieu de la hauteur du plein, et sa ligne verticale correspondant au milieu du bras supérieur; le bras inférieur un peu plus long touchera le côté droit du rectangle.

F. Même observation que pour l'**E**, le bras inférieur manque.

G. Le trait fin du plein de droite touchant le côté droit du rectangle et la tête un peu en arrière de ce côté.

H. La barre un peu au-dessus du milieu de la hauteur de la lettre.

I. Les barres horizontales et fines dépassant bien également le plein.

J. Le point touchant le côté gauche du rectangle et montant jusqu'au tiers de la hauteur.

K. Le point de réunion des bras un peu au-dessus du milieu du jambage.

L, Le trait vertical renforcé du bras sur le côté droit du rectangle : la hauteur de ce trait dans toutes les lettres qui le possèdent est d'un peu plus du tiers de la hauteur.

M. La pointe des deux traits du milieu, fine, sur la ligne de base des lettres et sur celle qui partage en deux également la largeur de l'**M**.

N. La pointe inférieure fine et sur la ligne de base.

O. Les deux courbes aussi elliptiques que possible et se réunissant au-dessus et au bas en un trait fin. La courbe extérieure doit toucher les quatre côtés du rectangle.

P. La boucle touchant le côté droit du rectangle et descendant un peu plus bas que le milieu du plein.

Q. Même observation que pour l'**O**, la queue descendant fort peu.

R. La barre un peu au-dessus du milieu de la lettre.

S. La fig. 73 indique la manière la plus simple de tracer cette lettre.

T. Les deux bras bien égaux.

U. Le passage du plein au délié bien arrondi.

V. Même observation que pour l'**A**, excepté qu'il n'a pas de barre.

X. Le point de rencontre des jambages un peu au-dessous du milieu de la hauteur.

Y. Le délié rencontrant le plein un peu au-dessous de la moitié.

Z. Le bras inférieur un peu plus long que l'autre.

Les accens se placent sur les lettres majuscules; elles admettent aussi la virgule, le point, les deux points, etc. Mais on ne met pas de point sur la lettre **I**.

Tout ce qui précède sur les proportions et la forme des capitales de romaine s'applique également aux capitales d'italique, seulement il faut déterminer la pente que les côtés des rectangles, et par suite les lettres, doivent avoir. La pente à $\frac{3}{1}$, c'est-à-dire trois parties de hauteur pour une de base, nous paraît la meilleure. Pour la construire, divisez la hauteur a b de la lettre en trois parties égales (fig. 74), portez l'une des parties de b en c, et joignez par une droite ce dernier point au point a; la droite ca, sera la pente des lettres.

Lorsque les lettres ont été dessinées au crayon dans les rectangles avec assez de soin, il faut les passer à l'encre. Tous les traits fins peuvent se faire au tire-ligne en ayant soin de ne pas dépasser leurs limites. Les pleins ont moins de raideur lorsqu'ils sont exécutés avec la plume; cependant si la fermeté de la main n'est pas assez grande, on tracera au tire-ligne deux traits qui comprendront l'épaisseur des pleins et on remplira l'intervalle qu'ils laissent entre eux avec la plume. Le plus difficile est de bien exécuter les parties courbes de l'**O**, du **D**, de l'**U**, du **Q**, du **C**, etc. On y parvient en taillant bien sa plume et en suivant les conseils que nous avons donnés page 16.

La petite dimension des minuscules de romaine comme d'italique que l'on emploie dans le dessin ne permet pas d'établir, ainsi que nous l'avons fait pour les majuscules, des proportions. Ce n'est qu'en étudiant les lettres l'une après l'autre et en s'exerçant souvent que l'on peut arriver à les bien faire. Les alphabets du cadre (75) guideront dans ce travail.

Le moyen de compter les lettres et de partir de la ligne du milieu du titre, pour les placer au crayon, nous paraît applicable à toutes sortes d'écritures; nous le conseillerons donc encore pour les minuscules de romaine et d'italique.

La forme de ces deux caractères est à peu près la même; il n'y a de différence que dans l'a, l'e et le g; les petites barres horizontales qui limitent les pleins sont placées dans le haut et le bas des jambages de l'écriture romaine ; dans l'italique ils existent en haut des jambages seulement.

Les jambages qui dépassent le corps de l'écriture comme dans le p, le d, le b etc., doivent avoir en longueur totale la hauteur de l'écriture plus les trois quarts de cette hauteur. Leur forme, pour être moins raide et plus gracieuse, peut participer de celle indiquée par la figure 76. Les lettres romaines se dessinent entièrement avec une plume fine, un peu raide. Les jambages doivent être rigoureusement perpendiculaires à la direction de l'écriture.

En taillant convenablement sa plume, et en traçant deux lignes au crayon pour la hauteur des lettres on peut facilement s'habituer à écrire l'italique d'un seul coup. L'écriture ainsi exécutée est plus ferme, plus coulante qu'en la dessinant, il faut seulement se garder de la trop coucher, par l'habitude que l'on a de l'écriture ordinaire, et donner à toutes les lettres une même hauteur et une même pente.

Comme beaucoup de dessins d'art militaire renferment des chiffres, nous avons placé au bas du cadre 75 la série des 10 caractères. Tous doivent être de la même hauteur et peu penchés. Nous recommandons, parmi les exercices, des nombres formés de chiffres les plus fins possible.

DU CADRE.

Les lignes du cadre, au nombre de deux, l'une grosse, l'autre fine, ont en largeur le centième environ de la hauteur du dessin ; la moitié de cette dimension est employée pour le gros trait, l'autre moitié est réservée pour le trait fin et le blanc laissé entre les deux lignes.

Observation. — Cette disposition de cadre qui convient aux dessins de bâtimens et de fortifications, peut et doit être modifiée dans les dessins d'architecture et de topographie ; en général lorsque la teinte arrive jusqu'au cadre il est d'un meilleur effet et il fait mieux valoir le dessin, lorsqu'il se compose de quatre ou cinq lignes fines disposées comme celles du cadre de la fig. 75.

CHAPITRE V.

Copie des lignes d'un dessin.

Dans la copie des dessins on peut se proposer ou de reproduire les lignes dans des dimensions égales, ou de les reproduire dans des dimensions proportionnelles : nous diviserons donc ce chapitre en deux paragraphes.

§ Ier. — *Copie dans des dimensions égales.*

Les lignes d'un dessin peuvent être copiées dans des dimensions égales :
Avec le papier végétal.
Avec le piquoir.
Par les parallèles.
Par les ordonnées.
Par les carreaux.
Par les lignes divergentes.
Par point.

COPIE AVEC LE PAPIER VÉGÉTAL.

Pour calquer un dessin il suffit de le couvrir d'une feuille de papier végétal bien tendue et de passer avec le crayon ou le tire-ligne sur tous les traits du modèle que la transparence du papier végétal permet d'apercevoir distinctement.

Lorsque le calque doit être transporté sur une autre feuille de papier, on se borne à mettre les traits au crayon ; mais si le calque doit servir de copie, tous les traits sont reproduits avec leur grosseur et leur couleur ; s'il y a des teintes on peut les placer en ayant le soin de mouiller et de coller la feuille de papier végétal comme s'il s'agissait d'une feuille de papier blanc.

Pour reporter un calque, après avoir fixé la feuille de papier végétal sur celle destinée à la copie, on introduit entre ces feuilles un morceau de papier à décalquer, le côté frotté en contact avec la face qui doit recevoir le dessin, puis avec une pointe on suit tous les traits du calque : la pression exercée par la pointe détache dans son chemin une portion de plombagine ou de sanguine qui reporte sur le papier blanc tout le travail du calque.

Si le calque était petit on pourrait employer un morceau de papier à décalquer de même grandeur ; mais pour de grands calques un petit morceau de papier frotté peut servir : il suffit de coller au milieu de ses bords quatre bandes de papier un peu fort et assez grandes pour qu'elles dépassent le papier végétal ; à l'aide de ces bandes on fait courir le papier frotté sur toute la surface de la feuille et on le place, au fur et à mesure que le travail avance, sous les lignes à décalquer.

Précautions. — Avant de décalquer, essayer le papier frotté pour reconnaître le degré de pression qui donne les traits les plus fins *sans creuser de sillons* dans le papier blanc. — Si le dessin à calquer est froissé, ne pas se borner à coller le papier végétal aux quatre coins, mais prendre ce papier plus grand que le dessin à reproduire et le coller comme une feuille de papier blanc. — En employant les règles et les équerres appuyer peu pour que la pression ne salisse pas la feuille destinée à la copie. — Enfin exécuter le travail avec ordre pour ne pas s'exposer à repasser sur les mêmes traits.

COPIE AVEC LE PIQUOIR.

Pour faire une copie avec le piquoir, il faut placer le dessin sur la feuille qui doit le reproduire, puis le fixer au moins par les quatre coins et enfoncer l'aiguille du piquoir à tous les points nécessaires au tracé des différentes lignes, c'est-à-dire : pour une droite, à ses extrémités; — pour une circonférence, au centre et à l'extrémité d'un rayon ; — pour une courbe régulière, aux points qui servent à son tracé ; — et pour une courbe quelconque, à un nombre suffisant de ses points.

Le dessin n'est séparé de la copie que lorsque tous les points sont marqués, mais cette séparation ne doit point se faire tout d'un coup ; il faut pour se reconnaître au milieu du nombre considérable de points d'un dessin compliqué, décoller deux coins seulement du dessin ; le soulever et le remettre en examinant avec attention, et, par la correspondance qui doit exister entre les points du dessin et ceux de la copie, rechercher les plus importants, les entourer de petits cercles au crayon et tracer même quelques grandes lignes pour servir de repères.

Si un dessin devait être reproduit plusieurs fois, au lieu d'une seule feuille on en placerait l'une sur l'autre autant qu'il y aurait de copies à faire.

Précautions. — Enfoncer l'aiguille aux points du dessin en la tenant PERPENDICULAIREMENT A LA FEUILLE. — Faire les piqûres le plus fin possible (1). — Apporter un soin tout particulier à marquer, comme nous l'avons dit, les points principaux avant d'enlever le dessin.

Observation sur ce genre de copie. — Il est assez prompt et assez exact; il offre ensuite le grand avantage de pouvoir préparer plusieurs feuilles à la fois; mais il abime toujours un peu le modèle quelleque soit la finesse de l'aiguille et suscite de l'embarras aux dessinateurs peu exercés, par le grand nombre de points dont la feuille blanche est couverte. Il convient aux dessins de fortifications, composés en grande partie de lignes droites, et ne conviendrait nullement aux dessins topographiques et en général à tous ceux qui renferment des lignes courbes irrégulières.

COPIE PAR LES PARALLÈLES.

Pour répéter une figure ABCD (fig. 77) sur une

(1) Pour que les piqûres soient plus visibles on peut placer entre le dessin et la feuille blanche, comme pour décalquer, un morceau de papier frotté de plombagine ou de sanguine.

même feuille de papier, on mène par tous les sommets A,B, C,D des parallèles quelconques, puis, du point A' convenablement choisi pour que la copie n'entre pas dans la figure donnée, on mène les parallèles A'B', B'C', B'D'. La parallèle à AD menée par le point A' et qui termine la figure, devra passer par le point D', autrement le polygone *ne serait pas fermé*; si cette différence était petite, on pourrait la négliger, mais si elle était grande, il faudrait recommencer le travail.

Observation sur ce genre de copie. — Il est rarement employé, car il se présente peu de circonstances où une figure, un dessin doivent se répéter sur une même feuille.

COPIE PAR LES ORDONNÉES.

Les ordonnées sont des perpendiculaires à certaines lignes que l'on imagine ou que l'on trace réellement. Pour copier par cette méthode les trois points A, B, C, (fig. 78), il y a deux opérations à faire. l'une sur la feuille qui contient les points donnés, l'autre sur celle destinée à les reproduire.

1re OPÉRATION. — *Sur la feuille qui contient les points donnés.* Tracez une droite xy, et des points A, B, C abaissez sur cette droite les perpendiculaires Ap, Bn, Cm.

2e OPÉRATION. — *Sur la feuille destinée à la copie.* Tracez une droite x'y'; à partir d'un point p' choisi arbitrairement, portez à la suite l'une de l'autre les distances p'n', n'm', égales aux distances pn, nm : élevez par les points p', n', m', les droites p'A', n'B, m'C' perpendiculaires à x'y' et égales aux droites pA, nB, mC; leurs extrémités A', B', C', feront connaître les trois points qui coïncideront avec les points donnés.

Sachant fixer sur la copie trois points, on en reportera un plus grand nombre sans aucune difficulté; pour une droite on ne déterminera que ses extrémités; pour un cercle que son centre, puisque le rayon est tout connu; et pour une courbe on choisira autant de points qu'il en faut pour la tracer.

Souvent les points, outre leur position relative en ont encore une par rapport aux bords de la feuille ou aux lignes d'un cadre; ainsi on peut demander que les points A, B, C, (fig. 79), soient placés dans le cadre de la copie comme ils le sont dans le cadre qui les entoure. On satisfera à cette condition en se servant de l'une des lignes du cadre pour droite auxiliaire et en abaissant les perpendiculaires Ap, Bn, Cm que l'on reportera ensuite, dans le cadre égal de la copie pour fixer la position des points correspondant à A,B,C.

On pourrait encore joindre deux points, A et C par exemple, par une droite, porter ensuite les distances FG, FK, où cette ligne coupe les côtés du cadre, de F' en G' et en K', et employer les lignes G K et G' K' comme lignes auxiliaires pour déterminer la position du point B'.

Lorsque les points sont nombreux et rapprochés, au lieu de les rapporter tous à une seule ligne, on peut en tracer plusieurs et ménager des vérifications pour s'assurer à tous les instants de l'exactitude du travail.

Précautions. — Rapporter les distances ordonnées sur la ligne auxiliaire en commençant par la longueur totale *pm* (fig. 78), puis soustraire de cette longueur successivement les parties en commençant par la dernière jusqu'à ce que le reste soit la première. (On reportera ces distances plus vite et avec plus d'exactitude en se servant d'une bande de papier mince sur le pli de laquelle on marque, par des points fins les pieds des ordonnées, pour les reporter ensuite sur la ligne auxiliaire de la copie.) — Elever les ordonnées bien perpendiculairement aux lignes qui leur servent de base. — Mesurer avec une grande précision leur longueur et *toujours avec le compas garni de ses pointes d'acier.* — Dans les courbes, choisir les points plus rapprochés là où la courbure sera la plus grande (1).

Observation sur ce genre de copie. — En employant les ordonnées on est obligé de tracer sur le dessin à copier des lignes, ce qui est un grave inconvénient quoiqu'on puisse les tracer avec un crayon tendre, et extrêmement fines, mais il faut les enlever et le dessin souffrira toujours de cette opération; ensuite, dans un dessin un peu compliqué, le nombre de ces lignes est considérable, puisqu'elles doivent être faites et sur le modèle et sur la copie; ce moyen convient cependant aux profils en général, aux courbes

(1) Nous disons que la courbure est *faible* lorsqu'elle se rapproche d'une partie de circonférence décrite avec un grand rayon, et qu'elle est *grande* ou *forte* lorsqu'elle se rapproche d'une partie de circonférence décrite avec un petit rayon.

irrégulières et principalement pour rapporter des détails et des points isolés à des lignes déjà déterminées.

COPIE PAR LES CARREAUX.

Cette méthode consiste à faire un cadre égal à celui du dessin à copier, et à diviser la hauteur et la base de l'un et de l'autre en parties égales, puis à mener dans chaque cadre, par les points de division de la hauteur, des parallèles à la base, et par les points de division de la base des parallèles à la hauteur. Le dessin et la copie se trouvent ainsi divisés en un même nombre de rectangles ou de carrés, et il ne s'agira plus que de reporter sur les côtés des rectangles de la copie, ou dans leur intérieur, les points qui se trouvent sur les côtés ou dans l'intérieur des rectangles correspondants du dessin.

Lorsque les carreaux sont en grand nombre, pour retrouver facilement ceux qui se correspondent, on numérote de la même manière les rangées sur les bases et les hauteurs des deux cadres. Et alors rien de plus facile que de trouver sans tâtonnement un carreau correspondant à un autre. En effet, cherchons le carreau qui correspond à celui marqué a fig. 80. Nous voyons qu'il appartient à la 4e rangée horizontale et à la 5e verticale ; nous plaçons la pointe du crayon sur le chiffre 5 de la base et nous remontons jusqu'à la rangée horizontale qui a le chiffre 4. Le rectangle a' correspond au rectangle a.

Dans la copie par les carreaux il se présentera relativement à un point deux cas : ou il sera sur l'un des côtés d'un rectangle ou dans l'intérieur de ce rectangle. Lorsqu'il est sur l'un des côtés, rien de plus facile que de le fixer dans la copie puisqu'il suffit de prendre la distance à l'une des extrémités du côté sur lequel il se trouve et de la porter à partir de la même extrémité sur le côté correspondant. Ainsi pour déterminer dans la copie la position du point p' (rectangles b, b') correspondant au point p du dessin, nous prendrons la distance m p et nous la porterons à partir du point m' sur la base du rectangle $\frac{6}{2}$; le point p' sera déterminé. Lorsque le point est dans l'intérieur d'un rectangle on abaisse une perpendiculaire du point sur l'un des côtés du rectangle et on reporte dans la copie la longueur de cette perpendiculaire comme nous l'avons fait dans la méthode des ordonnées ; si l'un des points du dessin était en p par exemple (rectangles c, c') nous abaisserions de ce point sur l'un des côtés du rectangle la perpendiculaire pn ; nous porterions de m' en n' une longueur égale à mn, puis par le point n' nous élèverions la perpendiculaire n'p', et après avoir mesuré l'élévation du point p au-dessus de la ligne mn, nous porterions sur cette perpendiculaire une longueur n'p' égale à np. La position du point p' serait déterminée.

La grandeur des carreaux et leur forme carrées au rectangulaie dépend du nombre plus ou moins grand de lignes du dessin ; dans un dessin peu compliqué il est évident que l'on tracera moins de carreaux et que l'on pourra même s'abstenir d'en couvrir les parties de la feuille non dessinées.

Précautions. — Apporter la plus scrupuleuse attention pour que les cadres du dessin et de la copie soient parfaitement égaux : toutes les fois qu'on le pourra on fera bien de piquer les quatre coins du cadre. — Donner également tous ses soins à la division des bases et des hauteurs pour qu'elle soit exactement la même dans les deux cadres ; la bande de papier mince et pliée facilitera ce travail. — Commencer par les grandes lignes et se ménager constamment des moyens de vérification. — Enfin déterminer avec la règle et le compas les points principaux situés dans l'intérieur; et placer à vue les autres afin de donner au coup d'œil de la justesse, de la précision.

Observations sur ce genre de copie.—Comme celui par les ordonnées, il oblige à tracer des lignes sur la feuille à copier, ce qui est, avons nous dit, un grave inconvénient ; on peut, il est vrai, tracer les carreaux sur un verre qui couvrirait le dessin, ou les former avec des fils de soie très fins ; mais ces moyens nuisent à l'exactitude, et toutes mesures au compas deviennent impossibles soit pour les points situés sur les côtés, soit pour ceux en dehors des lignes. — Les carreaux offriront cependant de grands avantages dans les copies approximatives qui ne demandent qu'une exactitude d'ensemble, dans les dessins à une petite échelle chargés de peu de détails, et principalement dans la copie des topographies.

COPIE PAR LES LIGNES DE CONCOURS.

Au lieu de rapporter les points d'un dessin à des lignes perpendiculaires, il sera quelquefois préférable de les rapporter à des droites obliques entre elles et partant toutes d'un même point. Snpposez qu'il soit proposé de copier la courbe de la fig. 81 ; après avoir choisi un point intérieur C, menez à volonté les droites Cd, Cf,.... Cl; marquez sur la feuille destinée à la copie un point C' pour représenter le point C, et tracez à partir de ce point des droites faisant entre elles les mêmes angles que les lignes Cd, Cf,... Cl du dessin ; puis reportez sur chacune d'elles les points de rencontre des courbes et des droites correspondantes du dessin : ainsi sur la droite C'd' les distances C'a' égale à Ca pour le point a'; a'b' égale à ab pour le point b' ; b'd' égale à bd pour le point d'; sur la droite C'l' les distances C'n' égale à Cn pour le point n', n'm' égale à nm pour le point m', m'l' égale à ml pour le point l' et ainsi de suite ; enfin joignez entre eux par des lignes tous les premiers points marqués sur les droites, tous les seconds, tous les troisièmes jusqu'à ceux qui appartiennent à la dernière courbe.

Précautions. — Choisir les droites concourantes de telle sorte qu'elles coupent aussi perpendiculairement que possible les courbes. — Construire sur la feuille destinée à la copie les lignes concourantes avec le plus grand soin pour que les angles soient parfaitement égaux à ceux du dessin (1). —Enfin proportionner le nombre

(1) Des points C et C' comme centre, décrivez deux circonfé

12.

de ces lignes à l'importance et à la complication du dessin à copier.

Observations sur ce genre de copie. — Les lignes concourantes abrègent le travail dans la copie des horizontales qui expriment le figuré de terrain ; mais il faudra les tracer de manière à être le plus normales possible aux courbes, et établir plusieurs centres si cela est nécessaire.

COPIE PAR POINTS.

Deux points d'un dessin sont facilement copiés puisqu'il suffit de mesurer avec le compas ou le double décimètre la distance de l'un à l'autre et de reporter cette distance sur la feuille destinée à la copie. Si l'on a un troisième point, il peut être considéré comme le troisième sommet d'un triangle, et les lignes réelles ou imaginaires qui unissent ce point aux deux autres, deviennent les côtés du triangle ; alors pour fixer la position de ce point sur la copie il suffira d'employer la construction indiquée par le problème 7, page 37.

Soit à copier les points a, b, c (fig. 82) : prenez la distance c a et portez-la de a' en c'; de ces points comme centres avec des rayons égaux à ab et cb décrivez au-dessus de c'a' deux arcs de cercles qui feront connaître par leur intersection la position du point b' correspondant à b.

Un quatrième point d' se rattacherait à deux

rences égales ; prenez les cordes pq, qt, ts, sr, rp, que vous porterez à la suite l'une de l'autre sur la circonférence dont le centre est C', et joignez les points p', q', t', s' et r', au centre ; ces lignes représenteront celles du dessin.

des trois points déjà déterminés par une construction tout-à-fait semblable.

Souvent les points copiés devront avoir une certaine position relativement aux lignes du cadre ; dans ce cas on commencera par tracer le cadre, puis on rapportera un certain nombre de points en se servant comme repères des extrémités des côtés : ainsi soit proposé de copier les points p, m, n (fig. 83), et de les placer dans le cadre A'B'C'D', comme ils le sont dans le cadre ABCD. 1° *Pour copier le cadre.* — Tracez une ligne A'B' égale à AB, des points B' et A' comme centre et avec des rayons égaux à BD et à AD décrivez deux arcs de cercles qui en se coupant feront connaître la position du point B' ; des points B' et D' comme centre avec les rayons DC, BC décrivez également deux arcs de cercles qui fixeront le point C', puis joignez entre eux les points A', D', C' et B'. — *Vérification.* Si du point A' comme centre avec un rayon égal à AC vous décrivez un arc de cercle, cet arc devra passer par le point d'intersection des deux autres, c'est-à-dire par le point C'. — *Difficultés.* Souvent le compas monté avec sa rallonge ne peut donner des rayons assez grands : alors, ou il faut piquer le cadre, ce qui est le meilleur, ou il faut le construire en le supposant divisé en deux ou en un plus grand nombre de parties, par des points placés sur les côtés de la plus grande dimension. 2°. *Pour copier les points.* — Des points A' et B' comme centre avec les rayons Ap, Bp décrivez deux arcs de cercles qui fixeront la position du point p' correspondant au point p; des mêmes centres, si vous voulez, décrivez avec les rayons Am, Bm les arcs de cercles qui feront connaître le point m'; des points B, m, comme centres avec les rayons Bn, mn, décrivez des arcs de cercles qui détermineront le troisième point n'. D'autres points se détermineraient de la même manière, c'est-à-dire en plaçant, par des arcs de cercles, chacun d'eux à une égale distance de deux points déjà déterminés.

Précautions. — APRÈS AVOIR TRACÉ LE CADRE, COMMENCER PAR LES POINTS PRINCIPAUX ET NE PAS SE CONTENTER POUR LES DÉTERMINER DE DEUX ARCS, MAIS EN DÉCRIRE PLUSIEURS, AU FUR ET A MESURE QUE LE TRAVAIL AVANCE, POUR BIEN FIXER LA POSITION DE CES POINTS, DESTINÉS A ÉTABLIR L'ENSEMBLE DU DESSIN. — Choisir les centres et les rayons de telle sorte que les arcs se coupent autant que possible sous des angles qui se rapprochent de l'angle droit. — Avoir soin de tailler bien fin et souvent l'extrémité du crayon qui décrit les arcs. — Enfin appuyer peu en prenant les mesures, pour que les pointes du compas ne marquent pas sur le dessin.

Observation sur ce genre de copie. — On peut faire une copie par points sans qu'il soit besoin de tracer une seule ligne sur le dessin; les vérifications sont nombreuses et tellement simples qu'il suffit d'un peu de soin pour fixer avec une scrupuleuse précision la position des points principaux; mais pour les courbes, pour des figures qui auraient un grand nombre de sommets rapprochés les uns des autres, ce moyen serait un peu long; il présente en outre un inconvénient assez grave, quelqu'attention que l'on prenne à rendre fine la pointe du crayon et à la faire correspondre avec les points que l'on veut reporter sur la copie, il arrivera toujours que de légères erreurs se glisseront dans l'appréciation des rayons, ou bien il faudra essayer sur le dessin, ce qui l'abime toujours un peu, si l'arc passe bien par le point que l'on veut déterminer.

La copie par point sera employée lorsque le dessin ne peut souffrir aucune altération et qu'il se compose en grande partie de lignes droites.

Observations générales sur les différentes manières de copier un dessin dans des dimensions égales.

Les carreaux, le papier végétal, le piquoir, sont des moyens que l'on emploie séparément; les points, les ordonnées, les lignes concourantes doivent se combiner, se prêter un mutuel secours pour accélérer le travail; ainsi les grandes lignes, les points principaux pourront être déterminés par points, les détails et les courbes par les ordonnées ou les lignes concourantes. Souvent on aura à reporter des points sur une ligne. Si les points sont également éloignés les uns des autres le report devra se faire avec le compas *garni de sa pointe sèche*, si les points sont inégalement éloignés, nous avons déjà indiqué la bande de papier comme un moyen prompt, facile et exact pourvu que les points soient marqués avec soin sur le pli même de la bande, mais si on voulait dans ce cas se servir du compas, il faudrait constamment employer les plus grandes ouvertures de compas pour la détermination des points ; par exemple, soit à reporter sur la ligne x'y' les points a, b, c,... de la ligne xy : portez d'abord la longueur ah de a' en h', ouvrez le compas de la grandeur ag et placez l'une de ses pointes sur le point a', l'autre marquera le point g' correspondant au point g ; mesurez a f et toujours à partir de a' marquez le point f' et ainsi de suite pour les points c et d ; mais le point b est très près de a : pour le reporter placez l'une des pointes du compas sur le point h et ouvrez jusqu'à ce que l'autre arrive au point b ; cette distance sera reportée sur la ligne x'y' de h' en b' : pour vérifier la position des points on peut mesurer la distance de chacun d'eux à d'autres points qui n'auraient pas servi à leur détermination.

Nous défendons absolument pour copier les points a, b, c, d, f, g,..... de prendre les distances ab, bc, cd etc., et de les porter successivement les unes à la suite des autres. Ce moyen entraine toujours à des erreurs. Nous poserons ce principe général qui est la base de toute exactitude non seulement dans le dessin, mais en toute chose. — COMMENCER PAR L'ENSEMBLE, APPORTER A SON EXÉCUTION UNE SCRUPULEUSE ATTENTION, ET LORSQUE L'ON S'EST ASSURÉ PAR DE NOMBBEUSES VÉRIFICATIONS QU'IL EST EXEMPT DE FAUTES, PLACER LES DÉTAILS.

§ II. — *Copie dans des dimensions différentes de celles du dessin à reproduire.*

Un dessin peut être copié dans des dimensions

proportionnelles plus petites ou plus grandes, de quatre manières :

Par points.

Par les lignes concourantes.

Par les ordonnées.

Par les carreaux.

Pour réduire ou augmenter un dessin il faut connaître la différence ou le rapport entre deux longueurs homologues et maintenir cette différence entre toutes les autres ; ainsi, si une ligne dans la copie est double de celle qui lui correspond dans le dessin, toutes les autres lignes de la copie devront être doubles de leurs homologues. Les longueurs changeront donc, mais les angles, quelle que soit la réduction ou l'augmentation, resteront les mêmes, car le but de la copie dans des dimensions différentes est de faire une figure semblable à une autre, et pour que deux figures soient semblables il faut qu'elles aient leurs angles égaux et leurs côtés homologues proportionnels.

Les constructions pour la détermination des points sont d'ailleurs les mêmes que celles de la copie dans des dimensions égales à cette différence près, que les rayons dans la copie par points, les distances et les longueurs des ordonnées, la grandeur des côtés des carreaux doivent être augmentés ou diminués dans le rapport donné.

COPIE PAR POINTS.

Soit à copier les trois points a, b, c (fig. 85), la droite ac par un motif quelconque, a été réduite dans la copie à la droite a'c' : pour déterminer le point b' il faudrait décrire, des points a' et c', des arcs de cercles avec ab et bc pour rayon, mais puisque ac est réduit les rayons ab. bc doivent l'être aussi et dans le même rapport ; cette réduction se fait à l'aide d'une construction géométrique qui a reçu le nom d'*angle de réduction.* Voici comment on construit cet angle : tracez deux droites Ax, Ay sous un angle quelconque ; portez sur l'un des côtés, Ax par exemple, et à partir du sommet, une longueur AC égale à ac du dessin, et sur l'autre côté une longueur AC' égale à a'c' de la copie ; joignez les points CC' par une droite; toutes les lignes parallèles à CC' couperont les côtés de l'angle en parties qui seront dans le même rapport que les deux droites données ac, a'c'. Pour réduire la distance ab, portez toujours à partir du sommet A et sur le côté Ax, une distance AB égale à ab, par le point B menez la droite BB' parallèle à CC' et la distance AB' sera la distance ab réduite, ou le rayon a'b'.

Pour avoir la réduction de cb portez, toujours sur Ax, une longueur Am égale à cb, par le point m menez à CC' la parallèle mn ; et An sera la réduction de bc ou le rayon c'b'. Les rayons a'b', c'b' étant connus, décrivez les arcs qui fixeront la position du point b'.

En général pour avoir autant de longueurs réduites que l'on voudra, il faudra les porter toutes sur un même côté et à partir du sommet de l'angle ; puis mener par leurs extémités des parallèles à la droite qui joint l'extrémité des longueurs données, et les distances comprises entre les points où ces parallèles coupent l'autre côté de l'angle et le sommet seront les longueurs réduites de celles qui leur correspondent sur le premier côté.

Tous les conseils que nous avons donnés au sujet de la copie par points, dans des dimensions égales, est applicable à celui dans des dimensions différentes, avec cette précaution de réduire toutes les longueurs avant de s'en servir pour la vérification ou pour tout autre usage.

COPIE PAR LES LIGNES CONCOURANTES.

Dans le cas où l'on aurait une figure peu compliquée à répéter sur une même feuille, le moyen suivant pourrait être employé :

Soit à copier la figure ABCD, le côté m de la copie étant donné comme homologue de BC. (fig. 86).

Marquez un point quelconque S en dehors de la figure et joignez ce point avec tous les sommets A, B, C, D ; inscrivez dans le triangle qui a pour base BC, une ligne bc égale à m et parallèle à BC, (problème 5, 1er cas), puis par le point b menez une parallèle ba à BA ; par le point a menez une parallèle ad à AD, la quatrième parallèle dc passera par le point c si la figure a été bien construite.

COPIE PAR LES ORDONNÉES.

Soit à copier les trois points A, B, et C (fig. 87) la droite d étant l'homologue de AB. Tracez comme pour la copie dans des dimensions égales, la droite xy, les perpendiculaires Am, Bn, Cp : et, sur la feuille destinée à la copie, une ligne

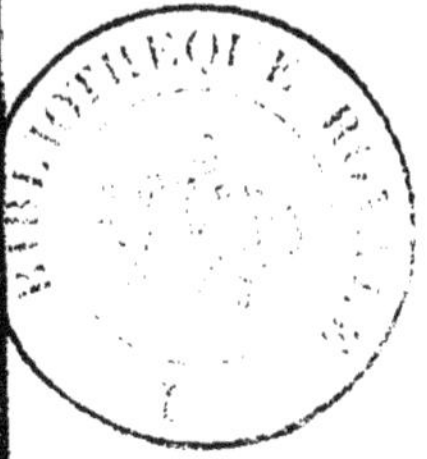

x'y' sur laquelle vous marquerez un point m' correspondant au point m. Faites l'angle de réduction en portant sur l'un des côtés, et à partir du sommet, une longueur égale à AB, et sur l'autre côté une longueur égale à la droite d ; joignez les extrémités de ces longueurs.

Les pieds m', n', p' des ordonnées sont déterminés en réduisant les distances mp, mn ; et les points A', B', et C' en réduisant les hauteurs verticales mA, nB, pC et en les portant de m' en A', de n' en B' et de p' en C'.

Précautions. — Si dans les copies égales, nous avons recommandé de reporter les distances des ordonnées en retranchant successivement les parties pour opérer sur de plus grandes longueurs; dans celles-ci cette précaution est nécessaire : les vérifications étant plus longues il est bien moins facile de s'apercevoir des erreurs.

COPIE PAR LES CARREAUX.

Commencez par faire l'angle de réduction avec les longueurs données et déterminez les lignes du cadre de la copie en les considérant comme les côtés de triangles formés par l'une des diagonales ainsi que nous l'avons expliqué page 91 ; divisez ensuite les hauteurs et les bases des deux cadres en parties égales, et menez par les divisions de la hauteur des parallèles à la base, et par les divisions de la base des parallèles à la hauteur; enfin numérotez les rangées comme nous l'avons fait pour la copie égale.

Pour reporter les points situés sur les côtés mêmes des rectangles, on réduira leurs distances à un point déjà déterminé ; pour reporter ceux qui sont dans l'intérieur des rectangles on abaissera des perpendiculaires et on opérera comme nous l'avons dit dans la copie égale après avoir fait la réduction. Il est bien entendu qu'au lieu de reporter ou de réduire une petite distance comme mn (rectangle c,c', fig. 80), pour déterminer le pied n de l'ordonnée pn, il est préférable de reporter ou de réduire la distance tn ou toute autre qui, en maintenant la ligne sur laquelle on opère dans une certaine limite, diminue les causes d'erreurs.

Observations sur l'angle de réduction. — L'exactitude sera plus parfaite en prenant les longueurs homologues les plus grandes que l'on peut ; si elles sont données et trop petites on les rendra deux, trois, etc., fois plus grandes. Il sera bon aussi de tracer les côtés de l'angle de telle sorte que les parallèles les coupent le moins obliquement possible : pour cela décrivez (fig. 88) avec la plus petite longueur pour rayon, une circonférence et menez par l'extrémité m de la plus grande longueur la tangente mn, la droite An qui joint le sommet de l'angle au point de contact jouit de cette propriété, de faire en m un angle droit, et en n le plus grand angle possible.

Lorsque les longueurs données seront très grandes et qu'elles différeront peu l'une de l'autre, on pourra se servir d'une simple bande de papier et employer un angle très aigu ; avantage que ne présente point l'angle de réduction qui donne les longueurs réduites entre les côtés de l'angle (1).

Nous recommandons d'avoir un soin tout particulier que les distances soient portées à partir du sommet et que les parallèles passent rigoureusement par les extrémités de ces distances.

DES ÉCHELLES

Bien rarement on peut représenter sur le papier les lignes de mêmes longueurs que celles des objets auxquels elles appartiennent. On est donc obligé de faire subir à toutes une réduction. Le rapport qui existe entre l'une des dimensions du dessin et la dimension correspondante, homologue de la chose représentée, est ce que l'on appelle *une échelle*. Le plus souvent cette échelle est représentée par une fraction, qui a pour numérateur la longueur du dessin, et pour dénominateur la longueur correspondante de la chose. Ainsi la fraction $\frac{0,1}{1}$, représentant une échelle, indique qu'un décimètre du dessin correspond à un mètre de l'objet represénté, l'échelle $\frac{1}{125}$, qu'un mètre correspond à 125 mètres de terrain par exemple.

En lisant la première de ces échelles, un dé-

(1) Pour construire cet angle (fig. 89), soit m et n les longueurs homologues : sur une ligne quelconque prenez ab égale mn, et du point a comme centre décrivez avec ab pour rayon un arc de cercle; portez sur cet arc la longueur n, de b en c, et tirez la droite ac, l'angle sera construit. Voulez-vous réduire la distance a p, décrivez du sommet comme centre, avec ap pour rayon, un arc de cercle, la corde op de la portion d'arc comprise entre les côtés de l'angle sera la distance ap réduite.

cimètre pour un mètre, je vois immédiatement que 2 mètres seront représentés par deux décimètres, et que chaque décimètre sera représenté par un centimètre, chaque centimètre par un millimètre et ainsi de suite. Mais si l'on me demandait de prendre 6 mètres à la seconde échelle, je ne le pourrais pas aussi facilement, puisque je ne connais pas la longueur du dessin qui correspond à un mètre.—*Règle générale.* Toutes les fois que vous serez embarrassé pour prendre des longueurs à une échelle écrite en chiffres, ramenez la fraction à avoir pour dénominateur l'unité, ce qui se fait en divisant les deux termes par le dénominateur. En divisant ses deux termes de la fraction $\frac{1}{125}$ par 125 on obtient 1^{m} pour dénominateur, et 8 millimètres pour numérateur, donc le mètre est représenté par 8 millimètres, et 6 mètres le seront par 48 millimètres.

Une échelle exprimée par une fraction se construit souvent en lignes. On trace deux lignes rapprochées l'une fine, l'autre un peu plus forte fig. 90, et on porte à la suite l'une de l'autre des distances égales à un mètre du dessin jusqu'à ce que l'on puisse mesurer sur l'échelle les plus grandes dimensions de l'objet représenté ; puis on prolonge la ligne fine vers la gauche d'un mètre que l'on subdivise en fractions décimales de l'unité. L'échelle est numérotée comme l'indique la figure 90 : le o à l'extrémité de gauche du gros trait et la graduation allant en augmentant par la droite ; le o des subdivisions au même point, et la graduation allant en augmentant vers la gauche. L'échelle de la fig. 90 est celle de $0^{m},01$ pour un mètre.

Lorsque l'échelle du dessin ne permet pas de diviser la longueur qui représente le mètre en 10 parties, on peut faire l'application de ce que nous avons donné dans le problème 3, page 30, et construire l'échelle comme l'indique la figure 91. 11 parallèles renfermant 10 parties égales sont tracées à une distance arbitraire ; la ligne ob est perpendiculaire aux parallèles, et la distance bd égale à un mètre; après avoir joint les points o et d, dix parties égales à un mètre, et séparées par des parallèles, ont été portées à gauche de cette ligne à la droite de ob; des lignes perpendiculaires aux parallèles ont été tracées de dix en dix mètres à la droite de ob. Cette disposition d'échelle permet de prendre d'une seule ouverture de compas toutes les distances lors même qu'elles renferment des fractions de mètre. Avant de citer un exemple nous devons rappeler que la base db du triangle o db étant l'unité, les parallèles à cette base, à partir de la plus courte, sont le $\frac{1}{10}$, les $\frac{2}{10}$, les $\frac{3}{10}$, les $\frac{4}{10}$, les $\frac{5}{10}$ etc.. de l'unité. Soit proposé de prendre avec le compas une ouverture de 14 mètres 60 centimètres, je placerai l'une des pointes du compas en n sur le point de rencontre, de la verticale 10 et de la parallèle chiffrée 6, j'écarterai la pointe de l'instrument jusqu'à ce que l'autre tombe en m sur la parallèle oblique chiffrée 4. Cette longueur nm est bien celle que l'on voulait prendre puisqu'elle se compose de trois distances, l'une n6 égale à 10 mètres, la seconde 6p égale à 60 centimètres, et la troisième mp égale à 4 mètres.

Pour 21^{m} 90 on prendrait sur la parallèle chiffre 9 la distance fg.

Ces échelles sont longues et difficiles à construire exactement. Pour les dessins ordinairesqui sont toujours dans un rapport assez simples avec l'unité de mesure, nous conseillons d'employer de préférence le double décimètre avec lequel on prend et on reporte immédiatement toutes les longueurs.

Nous allons poser et résoudre quelques questions sur les échelles, qui donneront une grande facilité pour l'intelligence et la copie des dessins (1).

1re QUESTION. (fig. 92.) — Combien la droite ab de la feuille 1re contient-elle de mètres? sachant d'ailleurs que l'échelle est $\frac{1}{100}$ ou un mètre pour cent mètres.

Un mètre pour cent mètres c'est, en divisant les deux termes de la fraction par le dénominateur , un centimètre pour un mètre. Je porterai donc le double décimètre sur ab, et autant cette ligne contiendra de centimètres et de millimètres,

(1) Nous ne parlons pas du cas où l'échelle est construite en lignes, puisqu'il suffit de porter la distance à mesurer sur l'échelle, et de lire le nombre de mètres ou de fractions de mètre qui lui correspond.

autant elle représentera de mètres et de décimètres.

2e QUESTION. — Une droite mn d'un dessin (feuille 2) représente 10 mètres, à quelle échelle ce dessin a-t-il été construit ?

Mesurez avec le double décimètre la ligne mn, et supposez qu'elle contienne $0^m,03$, l'échelle sera la fraction, $\frac{0,03}{10}$, ou en divisant ses deux termes par le dénominateur, $\frac{0,003}{1}$, trois millimètres pour un mètre.

3e QUESTION. — La plus grande longueur d'un lever que l'on a fait est de 400 mètres, la plus grande dimension de la feuille que l'on destine au dessin de ce lever est de $0^m.6$, quelle est la plus grande échelle (1) dont on puisse se servir ?

Le numérateur de la fraction est la plus grande longueur du papier et son dénominateur la plus grande longueur du lever : dans le cas que nous avons choisi la plus grande échelle sera donc $\frac{0,6}{400}$, ou en divisant les deux termes par 400, $\frac{0,0015}{1}$, ou un millimètre et demi pour un mètre.

4e QUESTION. — Un dessin (la feuille 3) a été fait à l'échelle de $\frac{1}{50}$, on voudrait le copier sur la feuille 4 à l'échelle de $\frac{1}{200}$; comment construira-

(1) L'échelle étant un rapport, sa grandeur ne dépend ni des termes ni des lignes séparément, mais bien de leur relation : plus le numérateur s'approche du dénominateur plus l'échelle est grande.

t-on l'angle de réduction qui doit servir, quelle-que soit la méthode que l'on emploie ?

L'échelle $\frac{1}{50}$ revient à $\frac{0,2}{1}$ (deux centimètres pour un mètre) et celle de $\frac{1}{200}$ à $\frac{1}{0,005}$ (cinq millimètres pour 1 mètre) ; après avoir tracé les deux côtés de l'angle on pourrait donc porter à partir du sommet, sur l'un, deux centimètres et sur l'autre cinq millimètres ; mais ces longueurs donneraient une ligne de base trop courte ; il est bien préférable de prendre aux deux échelles la valeur de dix mètres au lieu d'un, c'est-à-dire deux décimètres, et cinq centimètres pour les longueurs à porter sur les côtés de l'angle.

5ᵉ QUESTION. — Un dessin exécuté à l'échelle de 2 pouces pour une toise doit être copié à celle de $\frac{1}{100}$, comment construira-t-on l'angle de réduction.

Tracez les deux lignes de l'angle et portez sur l'un de ses côtés 10 mètres réduits à l'échelle $\frac{1}{100}$, c'est-à-dire 10 centimètres ; prenez sur le dessin en toise une longueur représentant 10 mètres et portez-la sur l'autre côté de l'angle, joignez les extrémités de ces deux longueurs et vous aurez la droite à laquelle toutes les autres doivent être parallèles.

Toutes les questions qui pourront se présenter rentreront nécessairement dans l'une ou dans l'autre de celles qui précèdent.

Il nous reste à faire connaître un genre de copie qui se présente souvent : c'est celui qui a pour objet l'exécution des dessins à une échelle donnée d'après des croquis cotés; les croquis sont des dessins faits à vue et à la hâte.

Il y a deux espèces de cotes, les unes expriment la longueur des lignes ou des distances mesurées, et les autres font connaître le plus ou le moins de hauteur des points.

Les cotes de longueur sont placées autant que possible vers le milieu de la distance ou de la ligne à laquelle elles se rapportent; deux crochets et de petits tirets, comme on le voit fig. 93, embrassent la longueur mesurée et empêchent toute incertitude.

Les cotes des hauteurs sont placées à côté des points, seulement au lieu d'exprimer comme dans la fig. 94 la hauteur des points b et d au-dessus de la ligne xy, les cotes 1 mètre et 3 mètres expriment l'abaissement des points b et d au-dessous d'un même plan horizontal représenté par la trace x'y' (fig. 95).

De cette convention résulte; 1° que plus un point est bas, relativement à d'autres, plus sa cote est forte; 2° que plus un point est haut, plus sa cote est faible; le point qui serait dans le plan horizontal de comparaison aurait pour cote o. 3° que toute droite horizontale a ses extrémités à la même cote.

La copie d'après des croquis cotés est fort simple; nous allons en donner deux exemples, l'un pour les plans, l'autre pour les profils.

Les lignes ab, bd, df etc. de la figure 96 représentent une cour dont on a fait le lever. Comme on le voit par le croquis, les côtés seuls de la cour n'ont pas été mesurés, mais on a aussi pris les longueurs de plusieurs diagonales telles que cb, ad etc. Il doit en être ainsi dans tout croquis, autrement il ne serait pas possible de le faire servir à l'exécution d'un dessin rigoureux. Mesurez seulement les quatre côtés du quadrilatère ab, dc (fig. 97), et vous verrez qu'il sera impossible de le construire, ou plutôt avec ces quatre longueurs on en construirait une infinité : en effet, vous prendrez bien une base c'd' égale à 4^m réduits, et en supposant l'échelle d'un centimètre pour un mètre, à 4 centimètres ; d'un point c avec un rayon de 2 centimètres, longueur à l'échelle de ca, vous pourrez bien encore décrire un arc, mais il vous sera impossible de dire si c'est en tel ou tel endroit de l'arc que le point a' doit tomber : l'inclinaison du côté a'c' sur le côté c'd' n'est donc pas déterminée, vous ne pouvez donc être sûr de reproduire l'angle c de l'objet levé et la même difficulté se présentera à chacun des autres sommets a, b, et d.—Règle générale. *Dans un croquis coté chaque point doit avoir deux cotes de longueur qui le rattachent à deux points dont la distance a été aussi mesurée.* Revenons au croquis de la fig. 96 et supposons que l'échelle du dessin à exécuter soit d'un centimètre pour un mètre :

Tracez d'abord a'b' de 51 millimètres de longueur, et des points a' et b' comme centre avec des rayons de 45 millimètres pour ca et de 68 millimètres 1/2 pour bc, décrivez deux arcs de cercles qui détermineront le point c' ; des mêmes points a et b comme centre avec deux rayons, l'un de 59 millimètres 1|2 et l'autre de 30 millimètres 1|2, décrivez deux arcs qui donneront par leur intersection le point d'; des centres d' et b' avec les rayons 20 millimètres 1|2 et 36 millimètres 1|2 vous déterminerez le point f'; enfin des points c' et f' avec les rayons 31 millimètres et 14 millimètres vous déterminerez le dernier point g'. Les diagonales cf, ag et d'autres pourront être mesurées pour servir de vérification, c'est-à-dire qu'après avoir construit la figure en suivant la marche que nous avons indiquée, le point f devra se trouver à 34 millimètres du point c; le point a à 54 millimètres $\frac{1}{2}$ du point g. Lorsque les différences sont grandes, il faut recommencer le travail et vérifier les cotes du lever.

En général toutes les cotes de dimensions horizontales serviront ou à décrire des arcs de cercles pour déterminer des points, ou à être reportées sur des lignes déjà tracées. Nous allons dans l'exemple suivant indiquer la manière de construire un dessin d'après un croquis qui renfermerait des cotes de hauteur (1).

(1) Ces cotes s'obtiennent sur le terrain par le nivellement; comme cette opération est fort simple, nous allons en donner un exposé succinct. Dans les dessins militaires la position des points est fixée par rapport à un plan qui passe au-dessus de tous et que l'on nomme *plan général de comparaison*. La cote d'un point est la longueur mesurée en mètres et fractions de mètres de la verticale qui part de ce point et se termine au plan de comparaison.

La figure 98 est un profil d'ouvrage de fortification passagère ; AB indique le talus de banquette, BC la banquette, CD le talus intérieur, DF la plongée, FG le talus extérieur, GH la berme, et Hx une portion du talus d'escarpe du fossé : la masse de terre renfermée par les plans que représentent ces différentes lignes est le parapet destiné à couvrir les défenseurs, à augmenter les difficultés de l'attaque et à favoriser la défense.

Pour construire ce profil à l'échelle d'un centimètre pour 1 mètre, nous tracerons d'abord

Le but du nivellement est de mesurer les verticales qui partent des différens points à niveler, mais comme ces verticales sont très hautes et que d'ailleurs le plan où elles se terminent n'existe pas réellement, on a recours à des plans horizontaux particuliers donnés par des instrumens nommés niveaux.

Les cotes se composent alors de deux nombres, de la distance qui sépare les plans horizontaux et de l'abaissement des points au-dessous des plans particuliers. Nous allons par un exemple indiquer la marche à suivre pour faire un nivellement en employant les instrumens le plus en usage, le *niveau d'eau* et la *mire*.

Soit à niveler les trois points A, B et C. fig. 99 : niveler ces points c'est mesurer la longueur des trois verticales Aa, Bb, Cc qui partent des points donnés et se terminent au plan dont la trace est ac. La hauteur de ce plan étant arbitraire, supposons qu'il passe à 12 mètres au-dessus de A ; la cote de ce point est donc toute déterminée. Pour obtenir celle du point B nous stationnerons entre A et B et nous viserons le *voyant* de la mire placée en A, nous retrancherons sa hauteur mA de 12 mètres et il nous restera la distance am ; puis nous ferons placer la mire en B et nous ajouterons à la distance am ou bn la hauteur nB du voyant : la cote du point B sera déterminée.

Pour avoir la cote du point C nous stationnerons entre B et C ; nous retrancherons de la verticale entière Bb la hauteur du voyant de la mire placée en B, ce qui nous fera connaître la distance bp ou cd et à cette distance nous ajouterons la haul'horizontale oo, sur laquelle nous porterons 146 millimètres $\frac{1}{3}$ pour la longueur totale des distances partielles horizontales. — 2m,40 — 1,20 — 0,43 etc., puis nous déterminerons sur cette ligne les points a', m', n', p'... en employant les cotes de dimensions, horizontales ensuite par chacun de ces points nous tracerons au crayon des perpendiculaires à la droite oo et sur la première nous prendrons une distance a' A' égale à 3 centimètres pour le pied du talus de banquette : sur la seconde et la

teur dC du voyant lorsque la mire est en C. Supposons que 2m,50, 1m et 1m,50 soient les trois hauteurs du voyant lorsque la mire était successivement placée en A, B et C. Si nous retranchons de 12m (cote du point A) 2,50, nous aurons 9m,50 pour la distance entre les plans horizontaux, et si à cette distance nous ajoutons 1 mètre qui est l'abaissement du point B au-dessous du plan mn, nous obtiendrons 10,50 pour la cote de ce point. A la seconde station la distance des plans horizontaux a probablement changé ; pour la connaître nous retrancherons 2 mètres de 10,50, cote du point B, et nous ajouterons à la différence 8m,50, l'abaissement 1,50 du point C au-dessous du plan horizontal pd ; la cote définitive de C sera de 9 mètres.

De chaque station on peut viser autant de points que l'on veut, pourvu qu'ils ne soient pas à plus de 15 à 20 mètres du niveau ; au-delà de cette distance la coincidence du rayon visuel et de la séparation des couleurs du voyant n'est pas facile ; on ajoutera à la différence des plans horizontaux l'abaissement de chaque point au-dessous du plan particulier déterminé par les horizontales de l'instrument. Cependant au lieu d'ajouter il peut se présenter un cas où l'on devra retrancher : c'est celui où le point visé est au-dessus du plan particulier ; alors on retourne la mire en plaçant le pied à la hauteur du point à niveler, et on fait descendre le voyant jusqu'à ce qu'il soit dans le plan des horizontales du niveau; en jetant un coup d'œil sur troisième une distance m'B' égale à 18 millimètres pour la banquette; sur la quatrième une distance p'D' pour le sommet du talus intérieur appelé *crête intérieure* ou *ligne de feu*; sur la cinquième la distance g'F' égale à 14 millimètres un peu fort; enfin sur les deux dernières les distances r'G', h'H' de 3 centimètres pour la berme; la ligne H'x se tracera par approximation.

Quelque fois les cotes sont tellement grandes que l'on ne pourrait pas tracer l'horizontale o, elle sortirait de la feuille ; alors on rapporte tous les points à une horizontale dont la cote se rap-

la figure il devient évident que la distance ainsi mesurée doit être retranchée de la hauteur cd.

S'il fallait coter un nivellement comme nous l'avons fait dans la fig. 99, ce travail serait long : pour abréger on a adopté le registre suivant dans lequel nous allons inscrire les opérations effectuées pour le nivellement des points A, B, C et D, opérations qui renferment tous les cas d'un nivellement quelque compliqué qu'il soit.

N°. des STATIONS.	Points visés.	Hauteur de mire.	Distances du plan particulier au plan général.	Côtes définitives	Observations.
1	A. Repère. .	$2^m,50$	$9^m,50$	12	
	B.	1^m		$10^m,50$	
2	B. Repère. .	2^m	$8^m,50$	$10^m,50$	
	C.	$1^m,50$		9^m	
	D.	1^m		$7^m,50$	

proche du point le plus élevé mais en laissant ce point au-dessous d'elle et en ayant une cote ronde de dixaines.

Observation sur ce genre de copie. Dans les opérations que l'on exécute sur le papier comme dans les mesures que l'on prend sur les objets. — Commencer toujours par les grandes dimensions et les fixer avec une exactitude rigoureuse par plusieurs moyens, s'occuper ensuite des détails. — Prendre sur l'objet toutes les mesures nécessaires à la détermination des différentes lignes; se faire souvent cette question en examinant le croquis : Comment rapporterai-je tel point sur la feuille ? — Etudier assez son double décimètre qui doit presque toujours servir d'échelle, pour savoir, la longueur d'un mètre du dessin étant donnée, par quelle fraction seront représentés le décimètre et le centimètre si l'échelle n'est pas trop petite.

Nous sommes arrivés à la fin de la 1re section de la 1re partie; nous la terminerons en donnant les conventions établies dans l'arme du génie relativement aux lignes de la fortification et des bâtimens militaires : Quant à celles qui concernent les dessins topographiques, nous les donnerons dans la seconde section où nous traiterons de ce genre de dessin d'une manière spéciale.

DES PLANS D'ENSEMBLE.

ÉCHELLES DES PLANS D'ENSEMBLE.

ART. 1er. Les plans d'ensemble de fortification seront généralement dessinés à l'une des 4 échelles métriques suivantes :

1o A l'échelle de $\frac{1}{500}$ ou de 2 millimètres pour mètre, dans le cas d'une fortification peu étendue dont la surface supérieure devra être parfaitement définie ;

2° A l'échelle de $\frac{1}{1000}$ ou de 1 millimètre pour mètre, lorsque les dessins comprendront un ou plusieurs fronts de fortification, ainsi qu'un espace assez étendu de terrain intérieur ou extérieur ;

3° A l'échelle de $\frac{1}{2000}$ ou de 1 millimètre pour 2 mètres, lorsqu'ils comprendront une grande étendue de fortification dont les diverses parties devront être étudiées de nouveau à l'aide d'une plus grande échelle.

4° A l'échelle de $\frac{1}{5000}$ ou de 1 millimètre pour 5 mètres, lorsqu'il s'agira de représenter une place entière avec une grande étendue de terrain en avant, d'exprimer sans détails la disposition générale de la fortification ou d'établir un projet de défilement. Cette échelle est convenable aussi pour un projet général d'attaque jusqu'à la troisième parallèle, et les échelles supérieures pour la continuation des mêmes attaques jusqu'au dernier logement (1).

2. Les dispositions de l'article précédent n'interdisent pas néanmoins d'une manière absolue l'emploi d'échelles plus grandes dans le cas où la fortification serait d'une très petite étendue, ni celui d'échelles plus petites, s'il ne s'agissait que d'une indication générale sur un grand plan d'ensemble.

COTES DE NIVELLEMENT.

3. Toutes les lignes qui appartiennent soit à la surface extérieure de la fortification, soit au terrain naturel, seront exprimées par leurs projections horizontales cotées par rapport à

---

(1) On n'établit pas une grande variété dans les échelles des plans d'ensemble, parce que celles qu'on indique sont celles actuellement en usage, qu'elles suffisent pour les besoins ordinaires du service, qu'elles ont des rapports simples avec l'unité de mesure dans le système métrique, et qu'une trop grande variété dans les échelles nuirait à l'habitude que doit prendre l'œil de juger immédiatement les grandeurs sans avoir recours au compas.

un plan général de comparaison, à leurs deux extrémités au moins si ces lignes sont droites, et à un plus grand nombre de points, si elles sont courbes. Les cotes de nivellement devront être assez multipliées pour qu'il n'y ait aucune incertitude sur le relief de tous les objets exprimés sur la projection horizontale.

PLAN DE COMPARAISON.

Le plan général de comparaison doit être choisi de manière à passer à 10,100,200, etc. mètres au-dessus des plus hautes eaux des environs de la place, telles que marées, inondations supérieures, lacs, rivières, etc.; ce plan dans tous les cas doit passer au-dessus des points les plus élevés de la fortification et du terrain.

LIGNES HORIZONTALES.

4. Les surfaces de la fortification, indépendamment de la projection des différentes lignes qui les limitent, seront, de même que la surface du terrain naturel, exprimées au moyen de sections horizontales appartenant à des plans équidistans espacés de mètre en mètre et cotés en nombres entiers. Les lignes horizontales provenant de ces sections seront cotées à leurs extrémités, de deux en deux au moins, si elles sont droites, et si elles sont courbes, en autant de points qu'il sera nécessaire pour que dans une partie quelconque de leur étendue on assigne facilement la cote qui leur appartient. On pourra cependant se dispenser de tracer ces horizontales lorsque l'intervalle, entre deux horizontales successives, sera moindre que deux millimètres effectifs. On pourra aussi se dispenser de les tracer sur les plongées, ainsi que sur les banquettes et sur leurs talus.

PROLONGEMENT DES COURBES DU TERRAIN.

5. Les courbes servant à décrire la surface du terrain devront être prolongées sur les chemins, les routes, les fonds de fossés et sur les talus les plus raides, ne s'arrêtant pas même aux escarpemens de rochers sur lesquels on les tracera à vue. Cela n'empêchera pas de figurer à l'ordinaire les limites des chemins, routes, etc., ainsi que les arêtes, les pieds et toutes les lignes principales des escarpemens.

ÉCHELLES DE PENTE.

6. Les plans de défilement seront exprimés par leurs échelles de pente placées sur la partie de la projection de chacun d'eux que l'on peut avoir à considérer. Ces échelles seront cotées en nombres entiers de mètres et en subdivisions décima-

les du mètre, poussées plus ou moins loin selon la pente du plan et la grandeur de l'échelle du dessin.

CONSTRUCTIONS SOUTERRAINES.

7. Sur les plans d'ensemble destinés spécialement à faire connaître la disposition extérieure de la fortification, on ne marquera pas les épaisseurs des murs à moins qu'ils ne soient pas terrassés, mais les constructions souterraines les plus importantes, telles que poternes, abris voûtés etc., seront exprimées, autant que le permettra la grandeur de l'échelle, par les projections des paremens intérieurs des murs.

SÉPARATIONS DES PARTIES EN REMBLAI ET DES PARTIES EN DÉBLAI.

8. Lorsque dans un projet de fortification dessiné à l'échelle de 2 millimètres pour un mètre au moins, une partie des glacis, parapets, terrepleins. etc., sera élevée au-dessus du terrain naturel, tandis qu'une autre partie sera enfoncée au-dessous, on tracera l'intersection du sol avec tous les talus, parapets et glacis, afin de séparer ce qui devra être en remblai de ce qui sera en déblai. Pour les parties qui se trouvent dans l'emplacement d'une fortification existante qu'on se propose de modifier, c'est la surface de cette fortification qui devra être considérée comme formant le sol naturel et dont on tracera l'intersection avec les talus, parapets et glacis de la fortification projetée. On pourra toutefois s'en dispenser lorsqu'il en résulterait des pénétrations trop compliquées, comme cela pourrait avoir lieu dans le cas où il n'y aurait que peu de changemens dans le relief.

Pour les plans à l'échelle de 1 millimètre pour 1 mètre, on se bornera en général à marquer la ligne de séparation des déblais et des remblais sur les plans des glacis (1).

(1 On introduit par cet article une disposition nouvelle qui, sans exiger un grand surcroît de travail, paraît devoir conduire à un résultat avantageux, puisqu'elle doit aider à connaître à la seule inspection du dessin d'un projet, si l'on approche de l'équilibre entre les déblais et les remblais. Ce que l'on demande ici pour les plans a déjà été essayé dans quelques places, et n'est d'ailleurs que ce qui se pratique depuis longtemps pour les profils.

DIMENSIONS HORIZONTALES.

9. Les dimensions horizontales ne seront pas habituellement cotées sur les plans de fortification et ne seront connues qu'à l'aide du compas et de l'échelle de dessin.

DE LA MISE A L'ENCRE.

10. Les lignes appartenant à des surfaces de terre ou de roc, seront mises au trait à l'encre de la chine : les lignes saillantes ou *arêtes* pourront être marquées d'un trait un peu plus fort que les lignes rentrantes ou *gouttières*, surtout dans les plans à l'échelle de 2 millimètres pour 1 mètre et au-dessus; les crêtes intérieures des parapets seront marquées d'un trait beaucoup plus fort que toutes les autres lignes.

Sur les plans de détail on pourra exprimer la saillie des tablettes de couronnement des murs, et dans ce cas l'intersection de la surface supérieure de la tablette par le prolongement de la partie supérieure du mur, sera marquée en traits rouges pointillés à points ronds.

DES HORIZONTALES DE LA FORTIFICATION.

11. Les horizontales servant à représenter les plans ou les surfaces courbes qui déterminent les formes de la fortification seront tracées en lignes noires pointillées à points allongés. Cependant, lorsque le grand nombre de ces lignes pointillées rendrait trop longue et trop pénible l'exécution du dessin, on pourra les tracer plus simplement en lignes pleines, pâles et fines.

DES COURBES DU TERRAIN.

12. Les courbes exprimant la surface du sol naturel seront dessinées en traits bleus et pleins sur les projets; elles ne s'arrêteront pas à la rencontre de la fortification projetée, mais elles se prolongeront ordinairement au-dessous de toute sa surface (1).

Lorsque les différences de niveau dans l'étendue du dessin seront de plusieurs dixaines de mètres, les courbes cotées en

(1) Il est bien entendu que les courbes du terrain naturel ne seront tracées en bleu que sur les dessins de fortifications relatifs à des projets, mais qu'elles le seront toujours en noir sur les minutes des levers et sur leurs copies.

nombre exact de dixaines seront marquées d'un trait plus fort que les autres.

Dans les mêmes circonstances, on marquera aussi d'un trait plus fort les horizontales de la fortification projetée.

ROUTES, CHEMINS, FOSSÉS, ESCARPEMENS.

13. Les routes, chemins et fossés, les crêtes et les pieds des escarpemens naturels seront tracés en noir.

LIGNES APPARTENANT AUX MAÇONNERIES.

14. Les arêtes, les pieds et toutes les intersections des murs seront tracés en carmin. On marquera d'un trait fort le sommet des escarpes, d'un trait moins fort celui des contrescarpes.

15. Lorsqu'un talus en terre viendra tomber sur la surface qui couronne un mur, le pied de ce talus devra être marqué en noir; lorsque le talus d'un mur tombera sur une surface en terre, l'intersection sera marquée en rouge.

CONSTRUCTIONS SOUTERRAINES.

16. Les constructions souterraines comme poternes, casemates, etc., seront mises au trait en lignes rouges à points ronds.

TERRAIN NATUREL.

17. L'intersection du terrain naturel avec les talus ou glacis qui se prolongeront au-dessous de lui dans un projet, sera tracée en noir, en lignes pleines, pâles et fines, ou simplement marquée au crayon.

MATÉRIAUX DIVERS.

18. Les constructions en bois, en fer, ou en toute autre matière que la pierre seront dessinées en traits noirs.

19. Les tabliers des ponts-levis seront exprimés sur les plans d'ensemble, au moyen d'un rectangle dessinant leur contour et de deux diagonales en traits pleins et noirs.

ÉCHELLES DES PENTES.

20. Les échelles de pente des plans de défilement seront formées de deux traits parallèles rapprochés, dont l'un sera plus fort que l'autre; ils seront en bleu et recoupés par d'autres traits de même couleur, perpendiculaires aux premiers, indiquant la direction des horizontales.

Une horizontale au moins pour chaque échelle sera prolongée jusqu'au point de la fortification dont elle sert à faire connaître la cote de hauteur, en choisissant de préférence un des points qui ont servi à la détermination de cette échelle. On distinguera les échelles de pente qui appartiennent à des plans de revers, en écrivant parallèlement à leur longueur *échelle de revers*.

21. Sur les dessins qui comprendront le terrain dont la fortification aura été défilée, les échelles de pente des plans de défilement se prolongeront par un trait simple jusqu'à l'horizontale du point de contact avec le terrain suffisamment relevé et elles seront accompagnées, s'il est nécessaire, de lettres de renvoi rapportées à une légende où seront indiqués l'objet de chaque échelle et les points de tangence ou de passage des plans.

CAPITALES DES OUVRAGES ET DES LIGNES DE CONSTRUCTION.

22. Les capitales des ouvrages, les côtés extérieurs des fronts et en général les lignes de construction, lorsqu'on jugera convenable de les conserver sur les plans, seront tracés en noir en traits allongés plus ou moins forts selon l'importance relative de ces lignes.

23. Les droites destinées à faire connaître sur un plan l'objet de quelques dispositions particulières des ouvrages, comme de montrer de quelle manière sont couverts un passage, une porte de poterne; quelle est la limite des coups dangereux, etc., seront tracées en vermillon.

TRACES DES PLANS DE COUPE.

24. On marquera en noir, en points alternativement longs et ronds, les traces des plans verticaux des profils, des coupes et des élévations.

25. Toutes les dispositions des articles précédens, sauf quelques-unes qui se rapportent exclusivement aux projets, sont applicables à un dessin de fortification existante, comme à celui d'une fortification seulement idéale. Néanmoins, dans les cas assez fréquens où l'état de dégradation des talus existans, ou bien l'insuffisance des levers ne permettront pas d'apporter dans le dessin le degré de précision qui résulte de ces dispositions, on pourra renoncer à quelques-unes, comme, par exemple, au tracé des horizontales sur les talus, à celui des échelles de pente, etc.; mais on n'en tiendra pas moins à l'observation rigoureuse des autres.

ÉTATS DES LIEUX.

26. Lorsqu'un projet sera établi sur un terrain déjà occupé par de la fortification destinée à être détruite ou simplement modifiée, les lignes principales de cette fortification, telles que les escarpes, contrescarpes, crêtes intérieures, etc., pourront être tracées en traits pointillés un peu forts sur le dessin même du projet; mais on présentera toujours en même

temps que le projet et sur la même échelle, l'état complet des lieux, à moins qu'il n'ait été fourni précédemment; dans ce dernier cas, on indiquera sur la feuille même l'année où cet état des lieux a été envoyé.

27. Les variantes qu'on proposerait à un projet devront être dessinées à part, soit sur la feuille principale, soit sur une feuille séparée, soit sur une feuille de retombe.

DE L'ECRITURE DES COTES.

28. Les cotes de niveau seront de la même couleur que les lignes auxquelles elles appartiennent; cependant celles des pieds des murs seront écrites en noir et non pas en rouge. Celles de la surface de l'eau seront en bleu, et mises entre parenthèses, afin qu'on ne les confonde pas avec celles du terrain. Les cotes des parties du terrain naturel ou de la fortification qui seront recouvertes ou modifiées par le dessin d'un projet seront toujours soulignées. On se servira d'une petite croix pour désigner les points auxquels se rapportent les cotes lorsqu'il y aura lieu de craindre quelque équivoque.

29. Les cotes de niveau seront écrites, autant que possible, parallèlement au bord inférieur du cadre, mais il y aura exception pour les cotes des échelles de pente, qui seront placées à la droite de ces échelles en regardant la partie supérieure des plans et parallèlement à leurs horizontales. Il y aura exception aussi pour les profils ou élévations lorsque leur horizontale ne sera pas parallèle au bord inférieur du cadre; dans ce cas, les cotes seront écrites parallèlement à cette horizontale.

DES PLANS DE DÉTAIL.

ÉCHELLES DES PLANS DE DÉTAILS.

30. Les échelles des plans de détail de la fortification seront généralement doubles, triples ou quadruples de celles des plans d'ensemble qu'ils accompagnent; elles ne pourront être au-dessous de 4 millimètres pour 1 mètre, et n'excéderont guère celle de 6 millimètres pour 1 mètre que pour des détails de construction relatifs à certaines parties, telles que passages, escaliers, ponts, créneaux, appareils de voûte, etc.

MAÇONNERIES COUVERTES.

41. Les maçonneries couvertes seront complètement projetées et mises à l'encre rouge en points ronds sur les plans de détail des parties supérieures, à moins qu'il n'en résulte de la confusion, comme dans le cas ou plusieurs étages de voûtes de formes différentes seraient superposés l'un à l'autre. On se contenterait alors de projeter les parties les plus intéressantes des dessous, en renvoyant à des plans particuliers pour celles qui n'auraient pu être exprimées sur le plan principal.

DISPOSITION DES PLANS COUPANT.

42. Lorsqu'on voudra spécialement représenter en projection horizontale des parties recouvertes ou des dessous, on supposera que toutes les maçonneries sont coupées de manière à faire voir les détails les plus remarquables de la construction. Ainsi, par exemple, dans les murs de revêtement pleins, la coupe pourra être faite immédiatement au-dessus du soubassement, en sorte que la projection fera voir la largeur de ce soubassement et celles des retraites des fondations. Dans les souterrains et les poternes, le plan coupant passera entre la naissance de la voûte et les fondations; dans un mur crenelé, il sera bon de le prendre à moitié hauteur des créneaux, quelquefois aussi on projetera la partie supérieure des murs et des voûtes en supposant la construction des maçonneries terminée et les terres enlevées pour faire voir la disposition des tablettes et celle des chapes de voûtes. Ces diverses coupes pourront se trouver réunies sur un même dessin, et les plans qui les déterminent formeront ainsi des ressauts entre eux; ces plans pourront même être inclinés d'une manière quelconque pour éviter les intersections bizarres qui résulteraient de la rencontre de voûtes rampantes ou d'autres circonstances particulières.

PARTIES AU-DESSOUS DES PLANS DE COUPE.

43. Les parties au-dessous des plans de coupe seront dessinées comme il est indiqué par les articles précédents pour les projections horizontales; mais en général on n'exprimera rien de ce qui sera situé au-dessus de ces plans, à l'exception cependant des crêtes intérieures des parapets, qui pourront être marquées en traits noirs à points allongés, ainsi que des magistrales et des arêtes de voûte, qui seront marquées en rouge : ces dernières en points ronds et les premières en traits allongés.

DES PROFILS OU COUPES VERTICALES, ET DES ÉLÉVATIONS DE LA FORTIFICATION.

44. Les plans de fortification soit d'ensemble, soit de détail

seront généralement accompagnés de profils (ou coupes verticales) et d'élévations pour aider à l'intelligence du dessin, et pour faire voir les détails de construction qui peuvent y être plus clairement exprimés que sur la projection horizontale.

ÉCHELLES.

Les échelles des profils et élévations, lorsqu'elles ne seront pas les mêmes que celles des plans correspondans, seront doubles, triples, quadruples, etc., afin que la comparaison des uns aux autres puisse toujours se faire facilement. Généralement on réunira les profils sur des feuilles séparées, sans cependant s'interdire d'une manière absolue la faculté d'en placer quelquefois sur la feuille même du plan.

PARTIES A PROJETER SUR LES COUPES ET ÉLÉVATIONS.

45. On ne projetera généralement sur les coupes et les élévations que les lignes visibles de la fortification situées au-delà du plan de projection par rapport à l'œil du spectateur ; quelquefois cependant on dessinera certains détails de construction intéressants, tels que pieds-droits, voûtes, escaliers, etc., quoiqu'ils soient recouverts, mais le trait n'en sera que pointillé.

DÉTAILS DE CONSTRUCTIONS.

46. Les profils et les élévations dessinés à des échelles plus grandes que celles de 4 millimètres pour 1 mètre, ne serviront pas seulement à faire connaître les formes générales des constructions, mais devront présenter des détails suffisans pour ne laisser aucune incertitude sur la nature, la forme et la disposition des différents matériaux tels que pierres de taille, briques, moellons, etc., dans toutes les parties de la construction projetée. On évitera cependant de s'assujétir à des répétitions de détail inutiles, pour celles de ces parties qui seraient traitées de la même manière.

COTES DE HAUTEUR.

47. Les lignes principales de la fortification et du terrain naturel seront côtées dans la projection verticale par rapport au plan général de comparaison qui aura servi pour la projection horizontale, mais les grandeurs absolues des dimensions horizontales et verticales ne seront écrites que dans des cas particuliers, comme sur les grands détails de maçonnerie, de charpente et de ferrure.

HORIZONTALES DES PROFILS ET ÉLÉVATIONS

Les profils et les élévations seront toujours en outre accompagnés d'une horizontale supérieure à tous les points, côtée en nombre entier de mètre et s'il est possible, de dixaines de mètres, pour servir à trouver à l'aide du compas la cote de tel point qui ne serait pas coté.

Pour faciliter cette mesure des hauteurs, lorsque les profils ou élévations présenteront de grandes différences de niveau, on tracera au-dessous de l'horizontale supérieure d'autres horizontales espacées de 10 en 10 mètres.

TRACES DES PLANS DE DÉFILEMENT.

48. On marquera toujours sur les profils les traces des plans de défilement appartenant à la partie de la fortification qui est coupée.

Mise à l'encre.

49. Les projections verticales seront mises à l'encre, en observant les mêmes conventions que pour les projections horizontales, si ce n'est que les magistrales et les lignes de feu ne seront pas marquées par des traits plus forts que les autres lignes, et qu'on pourra avoir égard à la direction supposée d'un rayon lumineux oblique pour la détermination des traits de force du côté opposé à la lumière.

TRAIT DE FORCE.

Le trait de force devra toujours être entièrement en dedans de la surface, soit coupée, soit projetée, dont il forme la limite.

TRACE DU TERRAIN NATUREL.

50. Dans les profils ou élévations, la trace du terrain naturel ou de la fortification existante sera marquée en noir, et de plus, hachée à petits traits à la plume dans les parties qui devront être déblayées.

Les maçonneries à déblayer seront marquées en rouge et hachées à petits traits rouges.

PLANS DE COUPE.

Les traces des plans de défilement seront mises au trait de la couleur des échelles de ces plans.

L'horizontale supérieure à la fortification et les autres horizontales du plan de comparaison seront en traits pleins et fins à l'encre de la chine.

Les lignes indiquant la direction des feux seront tracées en carmin, et un point marqué à leur extrémité figurera le projectile.

PLANS DE DÉFILEMENT

51. Les traces de plans de coupe, soit horizontaux, soit verticaux,, seront marquées sur les projections verticales en points alternativement longs et ronds, comme il a été prescrit pour les plans. On y indiquera aussi par des droites verti-

cales tracées en traits longs et fins l'emplacement des brisures ou changemens de direction des plans de coupe verticaux.

DES DESSINS D'ATTAQUES,

DESSINS AU-DESSOUS DU $\frac{1}{2000}$

56. Les ouvrages attaqués seront dessinés conformément aux instructions qui précèdent.

Sur les dessins au-dessous de $\frac{1}{2000}$ (1 millimètre pour 2 mètres), les tranchées, les sapes et les travaux analogues seront exprimés au moyen de deux traits parallèles seulement, l'un fort pour marquer la crête, et l'autre fin pour marquer le pied du revers de la tranchée. Les sapes doubles seront dessinées au moyen de deux traits forts sur la projection des deux crêtes. Dans les batteries élevées sur le terrain, deux traits, dont un fort, exprimeront le coffre, et deux autres traits fins le fossé en avant. Dans les batteries encaissées, le coffre sera représenté de la même manière, mais une seule ligne en arrière indiquera l'extrémité du terreplein enfoncé de la batterie.

DESSINS A $\frac{1}{2000}$

57. Sur les dessins à l'échelle de $\frac{1}{2000}$ (1 millimètre pour 2 mètres), les tranchées seront dessinées par trois traits parallèles au moins, un premier assez large indiquant la ligne couvrante, et les deux autres plus fins marquant les limites du fond de la tranchée. Une quatrième ligne sera encore tracée au pied des terres du parapet du côté de la place, mais au crayon seulement pour arrêter la teinte qui figurera ces terres. Les sapes doubles, les traverses de couronnement, seront dessinées d'une manière analogue.

Dans les batteries au niveau du sol, on marquera par des traits à l'encre les deux crêtes et le pied du talus extérieur de l'épaulement, ainsi que les limites du fossé à sa partie supérieure. Dans les batteries encaissées, on marquera à l'encre les deux crêtes et la limite de l'encaissement, mais le pied du talus extérieur de l'épaulement ne sera arrêté qu'au crayon comme celui du parapet des tranchées.

DESSINS AU $\frac{1}{1000}$

58. Sur les dessins au millième, toutes les lignes des tranchées, des sapes, des batteries, etc., seront indiquées, et à mesure de l'augmentation de l'échelle du dessin, les détails seront de plus en plus complètement exprimés.

ÉCHELLES.

59. En général et quelle que soit la grandeur de l'échelle du dessin l'emplacement des pièces de canon sera indiqué par des embrasures, celui des mortiers ou pierriers par des ronds, et celui des obusiers par des embrasures et des ronds.

Pour les batteries de l'attaque, des lignes tracées en carmin, feront connaitre la direction et le but du tir des pièces de chaque batterie.

PLANS DES ÉTAGES.

60. Tous les travaux de siége seront mis au trait à l'encre de la chine, et cotés de distance en distance, de manière qu'on voie bien leur rapport de hauteur avec les ouvrages de la place.

BATIMENS MILITAIRES.

DÉSIGNATION DES PIÈCES.

63. Les plans, coupes et élévations des bâtimens militaires seront dessinés sur l'échelle de $\frac{1}{100}$ (1 centimètre pour 1 mètre) ou sur celle de $\frac{1}{200}$ (5 millimètres pour 1 mètre).

Les détails de maçonnerie et de charpente seront dessinés à l'échelle de 2 ou de 3 centimètres pour 1 mètre, et l'on se servira d'échelles plus grandes encore pour les menus détails de menuiserie et de serrurerie.

64, On dessinera généralement autant de plans qu'il y a d'étages (à moins que les étages ne soient semblables), en y comprenant les caves, le rez-de-chaussée et le grenier et en y ajoutant, s'il est nécessaire, un ou plusieurs plans des fondations, un plan général des charpentes de toiture et un plan des combles qui pourra être dessiné sur une petite échelle, et si le bâtiment est voûté, un plan général des chapes.

65. Tous les plans d'un même bâtiment devront être disposés autant que possible sur les mêmes axes, les uns au-dessus des autres, en plaçant les étages supérieurs au haut de la feuille et mettant la face principale du bâtiment en regard du côté inférieur du cadre.

DISPOSITIONS DES PLANS HORIZONTAUX.

66. Chaque pièce sera désignée sur le plan par un numéro qui sera le même que celui qu'elle porte effectivement dans l'assiette du casernement : il servira de renvoi pour une légende qui fera connaître la destination et la contenance de cette pièce.

67. Les plans des coupes horizontales seront pris, savoir :

Pour les fondations, à des hauteurs variables selon les circonstances de la construction ;

Dans les caves, à la hauteur de la naissance des voûtes, en formant des ressauts s'il est nécessaire ;

Pour le rez-de-chaussée et les étages à un décimètre au-dessus de la tablette des fenêtres ;

Pour les greniers, immédiatement au-dessus des sablières ;

Pour les mansardes, comme les étages ou comme les greniers, suivant la forme des constructions ;

Enfin, les plans généraux de charpente des combles et ceux des chapes ne contiendront que des projections sans parties coupées.

DES COUPES ET ÉLÉVATIONS.

68. Les coupes et les élévations seront en nombre suffisant pour la parfaite intelligence de toutes les parties du bâtiment.

Les élévations feront voir toutes les faces du bâtiment ; et, pour les bâtimens en projet, des profils et des élévations de détail feront connaître la nature et la disposition des matériaux.

69. Lorsque les coupes et les élévations se trouveront sur la même feuille que les plans, ce qui aura lieu ordinairement pour les bâtiments militaires, on pourra disposer les projections verticales en rabattement parallèle et en correspondance avec les traces des plans de coupe marquées sur la projection horizontale.

PARTIES VUES.

70. On dessinera sur les plans d'ensemble, indépendamment des parties coupées, la projection des parties vues dans chaque étage au-dessous du plan de section.

DÉTAILS A INDIQUER.

On indiquera, dans quelques chambres au moins des casernes et des hôpitaux, l'emplacement de chaque lit par un rectangle dont on tracera les diagonales.

On marquera dans les plans des écuries la place de chaque cheval par deux traits qui seront pleins ou pointillés, selon qu'il existera des barres d'écurie ou non.

PARTIES AU-DESSUS DES PLANS DE COUPE.

71. On ne projetera horizontalement aucune des lignes situées au-dessus du plan coupant, si ce n'est dans les pièces voûtées où les arêtes saillantes et rentrantes des voûtes seront

exprimées au moyen de lignes pointillées, comme il a été dit pour la fortification. (1)

MISE A L'ENCRE.

72. Les dessins spéciaux de bâtimens seront mis au trait à l'encre de la Chine dans toutes leurs parties, sans distinction de maçonneries ou de matériaux divers de construction. On fera usage des traits de force tant sur les plans que sur les profils, en ayant égard aux observations de l'article 49.

OBJETS COUPÉS.

73. Les objets coupés autres que la terre, la maçonnerie et l'eau, seront hâchées à petits traits à l'encre de la Chine dans toute l'étendue des surfaces coupées.

COTE DE HAUTEUR. DIMENSIONS HORIZONTALES ET VERTICALES.

77. Tous les étages d'un bâtiment et le terrain sur lequel il est assis auront des cotes de niveau, tant sur le plan que sur les coupes et les élévations de la même manière que la fortification, et les projections verticales seront accompagnées d'une horizontale supérieure à tous leurs points. En outre les dimensions, soit horizontales, soit verticales les plus importantes, que l'échelle pourrait ne pas donner avec une exactitude suffisante, comme les épaisseurs de murs et de planchers, les fruits, etc., seront cotées avec soin. Ces cotes seront écrites en noir ainsi que les cotes de nivellement, et les lignes qui indiquent dans quel sens les dimensions qu'elles expriment devront être prises seront pointillées en noir et terminées par des crochets.

---

(1) Plusieurs personnes en dessinant des bâtiments font voir sur les projections horizontales non seulement ce qui est au-dessous du plan de section, mais encore une partie de ce qui est au-dessus qu'ils projettent en traits pointillés. Cette méthode est surtout employée pour la charpente des combles qu'ils font ainsi voir en même temps que les plans des greniers. Mais on pense qu'elle doit être rejetée comme propre seulement à produire de la confusion. Il vaut mieux adopter, comme pour la fortification, la règle de ne projeter que ce qui est au-dessous des plans de coupe, et multiplier, s'il le faut, les projections que de charger un seul plan du détail confus des parties supérieures et des parties inférieures. On n'a fait exception que pour les arêtes de voûtes; on peut y ajouter, dans certains cas, les arêtes des toits.

TRACES DES PLANS, DIMENSIONS DES FEUILLES.

78. Les traces des plans seront marquées sur les coupes, et les traces des coupes et des élévations seront marquées sur les plans, comme il a été expliqué pour les dessins de fortification (article 51).

DES CADRES, DES ÉCHELLES, DES ÉCRITURES, ETC.

79. Les dessins seront en général encadrés d'un double trait à l'encre de la chine, l'un très fin placé en dedans, l'autre gros d'une largeur variable avec la grandeur de la feuille. Leur intervalle sera toujours égal à la largeur du trait extérieur.

DIMENSIONS DES FEUILLES.

On évitera généralement d'employer, pour les plans, des feuilles de dimensions plus grandes que celles du papier dit *grand-monde* qui a 1^{m} 18 de long sur 0^{m} 86 de hauteur; et, pour les profils, on n'excédera pas la moitié de la feuille *grand-monde*.

ÉCHELLES.

80. Les échelles seront placées dans l'intérieur du cadre parallèlement à son côté inférieur, au-dessous des dessins dont elles doivent donner les dimensions. Ces échelles seront, autant que possible, assez longues pour qu'on puisse prendre d'une seule ouverture de compas la plus grande dimension de l'objet représenté, et assez subdivisée pour qu'on puisse obtenir aussi la plus petite avec une fraction appréciable.

On portera à gauche du point de départ ou du zéro de chaque échelle, une longueur égale à une de ses divisions principales qu'on subdivisera elle-même en parties décimales d'un ordre inférieur. Lorsqu'on voudra parvenir à l'appréciation de fractions plus petites encore, on fera usage de transversales.

81. Les échelles seront ordinairement formées de deux lignes droites parallèles, divisées par des traits perpendiculaires. La ligne supérieure sera fine, l'autre un peu plus forte, mais cette dernière ne sera prolongée qu'en trait fin à la gauche du zéro, pour que cette partie soit bien distincte de celle qui est à la droite.

Les échelles seront cotées à toutes leurs divisions principales, tant à droite qu'à gauche du zéro, et elles porteront en titre l'expression du rapport de leur unité avec l'unité réelle de mesure, c'est-à-dire le rapport de la grandeur des objets sur le plan, prise pour unité, avec leur grandeur naturelle.

ÉCRITURES.

82. Toutes les feuilles de dessin porteront, autant que possible, au coin de gauche de la partie supérieure, l'indication suivante :

GÉNIE.

DIRECTION DE ***

*Place de *** et dépendances* (*s'il y a lieu*).

Elles auront en outre pour titre général :

PROJETS POUR 184... — FORTIFICATIONS OU BATIMENS MILITAIRES.

et au coin de droite le numéro d'ordre de la feuille.

Les numéros des feuilles ne formeront qu'une seule série pour les fortifications et pour les bâtimens militaires..

On placera, à l'intérieur du cadre, un second titre indiquant clairement l'objet de la feuille et relatant les numéros d'articles ou de sections d'articles des projets auxquels elle se rapporte. Si la feuille contient plusieurs dessins, chacun d'eux sera accompagné d'un titre particulier analogue, mais on évitera les grandes feuilles sans nécessité.

Chaque profil ou élévation portera en titre des lettres qui seront répétées sur la trace du plan coupant, et écrite parallèlement à cette trace, de manière qu'en les lisant dans l'ordre naturel de gauche à droite, on voie sur le plan les objets dans le sens où ils sont représentés sur la coupe.

Sur chaque verticale indiquant l'endroit d'une brisure du plan de coupe, on écrira en haut et en bas la lettre ou les lettres qui lui correspondent sur le plan. Enfin lorsque la coupe sera longue et compliquée, les principaux objets coupés porteront une désignation particulière, telle que leur nom ou leur numéro d'ordre, s'ils en ont un sur le plan; on répétera aussi sur cette coupe les lettres indicatives pour y servir de repères, en les plaçant et en les espaçant sur les objets coupés, comme elles le sont au plan sur la trace. On ajoutera des légendes explicatives toutes les fois qu'elles pourront aider à l'intelligence du dessin.

Les plans généraux des bâtimens indiqueront, pour les casernes et les écuries, la contenance réelle en hommes et en chevaux, et pour les magasins et autres établissemens militaires, leur contenance et leurs principaux usages.

83. Chaque feuille envoyée au ministre portera au bas, à l'intérieur du cadre, la signature de l'officier du génie qui l'a dessinée, au-dessous de ces mots : *dessiné par moi* ou *fait et dessiné par moi*. Elle sera en outre approuvée par le chef du génie, datée par lui du jour de l'envoi au directeur, et enfin visée par le directeur.

DESSINS DES GARDES.

Les copies dessinées aux archives des places, et les états de lieux (lorsqu'ils n'auront pas été dessinés par les officiers), seront datés et signés par le chef du génie, et il indiquera, au-dessus de sa propre signature, le nom du garde ou de l'employé qui aura fait le dessin.

84. Tous les dessins seront pliés suivant le format tellière qui a 0^{m} 325 de hauteur sur 0^{m} 215 de largeur, de manière qu'en ouvrant la feuille, d'abord de droite à gauche, puis de bas en haut, le dessin se présente à la vue dans sa position naturelle. Le recto du dessin plié, portera, outre les indications générales à la place et à l'année, le numéro de la feuille, les numéros et les titres abrégés des articles ou sections d'articles auxquels il se rapporte.

Ire PARTIE. — DESSIN GÉOMÉTRIQUE.

LIVRE Ier. — DES OBJETS DÉJA REPRÉSENTÉS.

SECTION 2me. — DU LAVIS.

CHAPITRE 1er.

Application des teintes.

Dans les dessins géométriques, le lavis a pour but de compléter, soit par des teintes imitatives, soit par des teintes conventionnelles, la représentation des objets.

Les teintes qui recouvrent différentes parties d'un dessin, sont ou *plates* c'est-à-dire uniformes, d'une égale intensité dans toute leur étendue, ou *dégradées*, c'est-à-dire plus foncées dans certaines parties et se résolvant en une intensité plus faible par des nuances intermédiaires.

Les teintes plates ou dégradées peuvent aussi être *franches*, exécutées avec la couleur même; ou modifiées par une couleur de *fond*, qui est le plus souvent l'encre de la Chine.

Comme dans tous les dessins militaires le travail préparatoire est généralement fait avec cette encre, les conseils que nous donnerons supposeront son emploi.

DES TEINTES PLATES.

Application des teintes plates. — Nous avons indiqué pages 63 et 64, la manière de préparer l'encre ; nous avons dit que de petits réservoirs de papier faits en forme de boîtes devaient être préférés aux godets. Nous avons également fait connaître les qualités d'un bon pinceau avec lequel les teintes s'appliquent : voici les conseils que nous donnerons relativement aux teintes plates :

Charger convenablement et d'une manière égale son pinceau ;

Ne pas laisser sécher une portion de teinte commencée avant de la reprendre pour la continuer ;

Se garder de dépasser les lignes qui servent de limites à la teinte.

Nous allons examiner en particulier et développer chacun de ces conseils.

1° *Charger convenablement et d'une manière égale son pinceau*

La quantité de teinte que l'on prend avec le pinceau doit être proportionnée à la grandeur de la surface à recouvrir et au peu d'habileté de celui qui exécute : si le pinceau est trop peu chargé, les premiers coups seront secs lorsque vous viendrez pour les continuer ; si la teinte est trop abondante, d'abord il vous sera difficile de vous arrêter aux lignes de limites, et comme le papier par l'action de l'eau augmente d'étendue, la partie lavée prendra la forme indiquée par la fig. 100 et le voisinage des points a et b sera plus foncé que le milieu de la teinte; un autre motif qui doit vous porter à prendre de la couleur modérément, c'est que le papier étant fort mouillé par une teinte abondante, est long à sécher et que le travail avance bien plus lentement.—En variant la quantité de teinte, la pression, le mouvement du pinceau, on peut faire avec la même couleur plusieurs teintes différentes : il est donc bien important, pour obtenir une teinte uniforme, de maintenir dans le pinceau, pendant tout le lavis, une même quantité de teinte et d'exécuter le travail de la manière la plus uniforme possible.

2° *Ne pas laisser sécher une portion de teinte commencée avant de la reprendre pour la continuer.*

Pour satisfaire constamment à cette condition plusieurs précautions sont indispensables, mais nous placerons en première ligne l'ordre avec lequel les coups de pinceau doivent être donnés : pour être plus clair nous allons choisir un exemple. Soit à couvrir d'une teinte plate l'espace abcd fig. 100 bis. Après avoir pris de la teinte dans le pinceau faites une bande d'un seul coup de pinceau, en commençant à l'angle a et en suivant la ligne ab dans toute sa longueur, puis revenez promptement à la gauche de la teinte, sur le côté ac, pour la prolonger d'un centimètre environ (1) et en allant vers la droite jusqu'à ce

(1) L'étendue de ce prolongement doit varier avec la bonté du papier, l'intensité et l'étendue de la teinte et l'habileté de celui qui lave.

qu'elle ait une largeur égale ; chaque fois que vous aurez terminé une bande vous reviendrez promptement et toujours au côté ac pour en commencer une nouvelle jusqu'à ce que l'espace abcd soit rempli.

La première bande faite d'un seul coup de pinceau suivant le côté ab doit être assez fournie de teinte pour qu'un réservoir se forme dans la partie inférieure; pour les autres bandes les coups de pinceau doivent se toucher et être donnés assez vite, en fouettant la teinte pour l'accumuler vers le bas où elle doit aussi former réservoir; ces réservoirs empêcheront la teinte de sécher trop vite; à la fin on les supprime cependant pour ne pas surcharger une partie plus que l'autre. En humectant légèrement à l'avance la partie à laver et en inclinant la planchette de manière à augmenter les réservoirs, on facilitera encore le travail. — Quelquefois des obstacles ne permettent pas de descendre la teinte partout à la fois, alors on la *fond* dans certaines parties avec le pinceau mouillé d'eau pure; en revenant à ces parties on commence ou on arrête les coups de pinceaux à une certaine distance de la teinte plate, pour que les deux teintes fondues et plus faibles qui se recouvriront, forment la même intensité que la teinte générale.

Pour arrêter la teinte contre une ligne il est souvent préférable de travailler, non avec la pointe mais avec le corps du pinceau en l'appuyant et le tournant un peu comme l'indique la figure 101 ; cependant dans les angles il faudra ne se servir que de la pointe de laquelle on aura enlevé un peu de teinte pour la rendre plus fine. — La teinte est arrêtée plus facilement aux traits de haut et de gauche, comme ab et ad de la figure 100 bis; toutes les fois que vous n'aurez qu'une seule bande à faire, il sera donc bien de tourner la planchette pour donner successivement aux différentes lignes l'une des positions que nous venons d'indiquer. — Lorsque l'espace a la forme d'un rectangle très alongé il est plus facile de conduire la teinte et de rester dans les lignes, en établissant la bande de départ le long du petit côté.

Observations générales sur les teintes plates. — Lorsque la couleur de la teinte est un peu foncée, on ne doit y arriver que par des couches successives, à moins que l'espace à laver soit petit, le papier bon et la main habile.

Nous conseillons en général d'étendre sur les parties à couvrir une eau tintée, fort légère, et d'augmenter ensuite l'intensité de la couleur pour que la teinte soit reproduite par l'application de trois ou quatre couches au plus. — Lorsqu'une couche a été placée, il est bien important d'attendre qu'elle soit sèche pour la recouvrir d'une nouvelle, autrement le papier plus mou s'écorche sous le frottement du pinceau, la couleur s'enlève par place et la teinte est toute tâchée. — Les teintes se bordent de plus foncées par l'emploi d'une trop grande quantité de couleur; ce même effet fort désagréable est produit par l'application d'un trop grand nombre de couches; pour chacune d'elles, ont est obligé de s'arrêter aux lignes de limites et les frottemens qui ont lieu avec le pinceau pour satisfaire à cette condition, fatiguent le papier, le rendent spongieux et donnent lieu à ce grave défaut que l'on remarque dans tous les lavis des personnes qui ont peu d'habitude.

DES TEINTES DÉGRADÉES.

Exécution des teintes dégradées. — Une teinte d'égale intensité peut s'appliquer avec un seul pinceau; pour les teintes dégradées il en faut deux réunis comme nous l'avons indiqué à l'article pinceau, page 66, tous deux doivent être tenus dans une grande propreté, le meilleur reçoit la couleur et l'étend sur le papier, l'autre est mouillé d'eau pure.

Il y a deux manières de dégrader une teinte; par bandes ou teintes plates; ou en fondant.

Lavis par teintes plates. 1er CAS. — *Lavis d'une surface plane*, — soit à laver la surface abcd (fig. 102), la partie la plus forte de la teinte devant être le long de ab. (1).

Etendez une teinte plate très faible jusqu'à la ligne mn, (1er travail), en suivant les conseils que nous avons donnés précédemment. Laissez sécher cette teinte et étendez-en une seconde, jusqu'en m'n' (2e travail); lorsque la 2e teinte est sèche étendez-en une troisième jusqu'à la ligne m"n" (3e travail), et sur cette troisième une quatrième jusqu'en m'"n'" (4e travail).

(1) Toutes les lignes d'un lavis qui doit imiter la nature, seront tracées au crayon ou à l'encre pâle, avec soin et netteté, mais préférablement au crayon.

2e CAS — *Lavis d'une surface courbe*; — soit à laver le cylindre C, fig. 103.

La première teinte sera étendue sur toute la surface du cylindre à l'exception d'un petit rectangle acdb laissé entièrement blanc (1er travail).

La seconde teinte laissera à découvert, à droite de cd et à gauche de ab, une bande de la première teinte : les autres teintes seront placées de manière à laisser chacune à découvert une bande de la teinte précédente,—RÈGLE GÉNÉRALE. Plus les teintes s'approchent de la partie la plus foncée d'une surface, plus les bandes laissées à découvert doivent être petites; les divisions de la fig. 104 indiquent la succession des teintes pour laver un cylindre. Les parties embrassées par les arcs chiffrés 1 doivent être recouvertes par la première teinte; les parties embrassées par les arcs chiffrés 2 doivent être recouvertes par la deuxième et ainsi de suite; la dernière bande 8 a une très petite largeur et peut être faite en encre plus foncée.

Lavis en fondant. — Pour laver en fondant, la teinte est étendue avec l'un des pinceaux sur les parties qui doivent être plus foncées et elle se fond vers les parties les plus claires, dans l'eau que l'on place à son bord avec l'autre pinceau.

1er CAS. — Soit à laver l'espace renfermé entre les lignes abcd (fig. 105), de manière que la partie la plus foncée commence à la ligne ab. Placez avec une couleur convenable une teinte uniforme jusqu'à la ligne mn en suivant les conseils que nous avons donnés pour le lavis par bandes; puis retournez vivement les pinceaux entre les doigts et étendez avec celui qui contient l'eau une couche *peu abondante* et qui ne fasse que toucher le bord mn sans entrer dans la teinte, Pour bien laver en fondant il est utile de connaître l'effet produit au moment du contact de l'eau et de la couleur. Lorsqu'on examine la surface du papier avec des instrumens qui grossissent on voit qu'elle est traversée par des sillons qui se croisent en tous sens. Dans le cas où ces sillons ou canaux sont secs la teinte s'arrête avec les derniers coups de pinceau ; mais s'ils sont humides ou s'ils viennent à se remplir d'une certaine quantité d'eau, la teinte continue et les suit jusqu'à une distance plus ou moins grande en perdant de sa force par la diminution du liquide qui coule et par l'addition de l'encre à la teinte. L'ensemble de tous ces sillons établit le passage de la teinte franche au papier ou à la teinte la plus faible. Ce phénomène connu, examinons les circonstances qui peuvent produire des taches dans le lavis en fondant et celles qui doivent être favorables à ce lavis.

1° Si la teinte franche appliquée sur le papier (celle du godet sans aucun mélange) est sèche lorsque vous la mouillez à son bord, il est évident qu'elle ne pourra pas couler dans les canaux et que l'effet restera le même qu'avant l'addition de l'eau.

2° Si l'eau destinée à établir l'écoulement de la teinte est trop abondante, les canaux seront pleins et la couleur se répandra inégalement. Il arrivera même lorsque la planchette ne sera pas convenablement inclinée que l'eau refluera dans la teinte et fera des taches fort désagréables.

3° Si par des frottemens réitérés vous voulez enlever le noir de l'encre pour le reporter ailleurs, le papier se fatiguera et deviendra spongieux ; le travail paraîtra charbonneux et sali.

4° Enfin si vous retournez dans une teinte avec le pinceau seulement humide, vous troublerez l'écoulement, la couleur par l'effet capillaire montera dans le pinceau; si vous placez la pointe du pinceau chargée d'eau, cette eau se répandra dans les canaux en faisant refluer la teinte si elle est encore assez liquide ou en ne produisant aucun effet si la teinte est sèche,

Pour arriver à de bons résultats par le lavis en fondant il faut donc :

1° Charger modérément les deux pinceaux ; celui qui contient l'eau moins que l'autre,

2° Placer seulement au bord de la teinte une couche d'eau pour la fondre.

3°. Incliner la planchette de manière que l'écoulement dans les sillons du papier soit facilité.

4°. Ne jamais retourner dans une teinte pour quelque motif que ce soit.

D'autres conseils que nous avons donnés dans le lavis par teintes plates comme d'attendre qu'une teinte soit sèche avant de la recouvrir d'une nouvelle etc., sont à suivre également dans le lavis en fondant.

2me CAS. — Soit à laver le cylindre c (fig. 106).

A moins que le diamètre du cylindre ne soit très petit, on commence le lavis par des bandes un peu moins nombreuses que celles de la figure 104, que l'on fond d'un seul côté d'abord et ensuite des deux côtés lorsqu'elles deviennent étroites et se rapprochent de la teinte la plus foncée. L'examen de la figure 106 suffira pour faire connaître la marche progressive du travail.

Lorsque les bandes sont très longues, au lieu de placer la teinte d'un bout à l'autre, on l'étend par portion de quelques centimètres seulement, que l'on fond au fur et à mesure afin de ne pas donner à la partie préparée le tems de sécher.

Quelques réflexione sur ces deux genres de lavis. — Le lavis par teinte plate convient aux dessins construits à une grande échelle ; aux dessins de machines principalement : il doit être préféré si le papier est mauvais et si l'œil et la main de la personne qui exécute sont assez exercés pour conduire et arrêter les bandes suivant des lignes droites ou courbes *sans aucune indication préalable* ; car aucun trait, même au crayon et le plus faible possible, ne doit être tracé à l'avance. Les bords des bandes, pour produire un bon effet, demandent à être le résultat d'un coup de pinceau ferme et sans *pignochement.* Le lavis par teinte plate est plus long que l'autre mais il donne lieu à des effets plus arrêtés et plus brillants.

Le lavis par teintes fondues doit être préféré dans les dessins de fortification et dans tous ceux à une petite échelle : ils demandent de l'habileté, de la célérité dans le travail et un papier qui n'absorbe pas trop vite l'eau des teintes. Nous conseillons de procéder par teintes assez faibles dans le principe, mais d'augmenter la force de la couleur afin que le grand nombre de teintes ne produise pas les effets fâcheux que nous avons signalés. Dans tous les cas et quelque soit le genre qu'on emploie, nous recommandons de commencer par les teintes les plus faibles et de les placer comme fond sous les teintes plus foncées. Ainsi pour copier le cylindre fig. 107, il y a deux manières de procéder : laver séparément le cylindre, l'ombre qu'il porte, et le fond; ou conduire les teintes, sans tenir compte des limites, de telle sorte qu'elle servent à la fois au cylindre, à son ombre et au fond : la première manière est plus longue et conduit nécessairement à des teintes *cernées*, c'est-à-dire bordées d'une couleur plus foncée ; la seconde est la seule à suivre : les cylindres de la fig. 108 indiquent mieux que la parole les différentes époques du travail depuis la feuille blanche jusqu'à l'effet produit.

Nous terminerons ce qui concerne le lavis en donnant les conventions relatives aux teintes dans les dessins de la fortification et des bâtimens militaires. Le chapitre suivant sera spécialement consacré à l'exposé des principes et des procédés qui peuvent conduire le plus facilement à l'exécution des cartes topographiques militaires ou *reconnaissances*.

DU LAVIS DE LA FORTIFICATION (1).

TERRASSEMENS EXISTANS.

30. Tous les talus de la fortification seront recouverts sur la projection horizontale de teintes conventionnelles ainsi qu'il suit :

TERRASSEMENS EN PROJET.

Les talus en terre qui appartiennent à une fortification existante et qui ne sont pas modifiés par un projet, seront lavés en vert.

Dans la fortification en projet, sur les plans à l'échelle de

---

(1) L'utilité du lavis est incontestable pour faire ressortir les diverses parties d'une fortification un peu compliquée ; mais si l'on est d'accord sur les avantages qu'il présente, il n'en est pas de même sur le mode de son emploi. Chaque place a pour ainsi dire sa pratique particulière ; et quelquefois dans une même place, les officiers n'adoptent pas tous le même procédé.

L'idée qui se présente d'abord à l'esprit pour aider par le lavis à l'ntelligence d'un plan de fortification, est de chercher à imiter la nature. Mais, dans la nature, les surfaces existantes ne sont bien distinctes que quand l'œil embrasse seulement une petite étendue de terrain. Au-delà d'un rayon assez limité tout devient confus, tandis que sur le dessin tout doit être également clair ; imiter la nature ne serait donc pas arriver au but que l'on se propose : comment d'ailleurs faire cette imitation lorsque l'on a banni la perspective du dessin !

Mais, dira-t-on, si l'on ne peut atteindre à une imitation exac-

2 millimètres pour 1 mètre et au-dessus, on distinguera les surfaces appartenant au remblai de celles qui sont comprises dans le déblai.

TERRASSEMENS MODIFIÉS.

Les surfaces en remblai seront lavées en jaune gomme gutte,

---

te, ne doit-on pas tâcher de s'en rapprocher autant que possible? Ainsi, par exemple, si une suite de surfaces, éclairées par le soleil en plein midi, ne présentent que des effets de lumière peu variés, on ne saurait disconvenir qu'éclairées obliquement par les rayons du soleil levant ou couchant, elles ne prennent des teintes beaucoup plus tranchées, propres à les faire distinguer les unes des autres, pourvu que l'œil ne soit pas trop éloigné. C'est effectivement d'après cette hypothèse, c'est-à-dire, en supposant le terrain et la fortification obliquement éclairés que les anciens dessins de fortification étaient lavés, et quelques officiers bons dessinateurs cherchent encore à conserver ce mode dont ils savent tirer des effets flatteurs à l'œil. Mais outre que ce genre de dessin présente des difficultés que tout le monde n'est pas également habile à surmonter, on remarquera que les teintes qui, dans ce système, servent à empêcher les plans de se confondre entre eux, ne donnent aucune notion sur leurs pentes, puisque ces teintes ne dépendent pas seulement de l'inclinaison des plans, mais aussi de leur position par rapport à la direction des rayons lumineux. Il a donc paru convenable, pour tirer du lavis tout le parti possible, d'abandonner l'idée de chercher à imiter la nature pour ne considérer les teintes employées sur les plans de fortification que comme purement conventionnelles.

Ce premier point arrêté, on a choisi une certaine série de couleurs à appliquer sur les surfaces pour en faire connaître la nature et même quelques particularités. Ainsi, pour ne parler que des objets principaux, on a adopté des couleurs différentes pour les terrassemens, pour l'eau, pour les fonds de fossés secs, pour les surfaces de maçonneries; on les a fait varier selon que les objets représentés existaient ou étaient en projet, lorsque cette distinction a paru nécessaire; et l'on s'est servi pour faire connaître l'inclinaison des surfaces d'une teinte d'encre de la chine, proportionnelle à cette inclinaison, convention conforme à celle qui a été adoptée pour exprimer les pentes dans le figuré des cartes topographiques.

et les surfaces en déblai, en bistre (ou terre de sienne brûlée, mêlée d'un peu d'encre de la chine). Mais lorsque le relief de la fortification projetée différera peu de celui de l'ancienne (de moins de 1 mètre, par exemple), on pourra se borner à couvrir toutes les surfaces de la couleur des déblais, qui indiquera alors des terrassemens modifiés.

TERRES COUPÉES.

Les terres coupées en projection horizontale seront lavées en bistre si elles existent (comme les terres en déblai), et en jaune si elles sont en projet. Les couleurs seront renforcées sur les bords, et le jaune des terres en projet sera en outre relevé par un liseré adouci ou par des touches en couleur de bistre.

La distinction des parties en déblai et des parties en remblai ne sera obligatoire que pour les glacis sur les plans à l'échelle de 1 millimètre pour 1 mètre, et elle n'aura pas lieu sur les plans à une échelle moindre ; mais, dans ceux-ci comme dans les autres, on lavera en bistre les terrassemens qui pourront être considérés comme simplement modifiés, ainsi qu'il a été dit ci-dessus.

MAÇONNERIE.

Les talus des murs existans seront lavés en carmin, ceux des murs en projet le seront en jaune de chrome foncé.

Les maçonneries coupées seront lavées en carmin foncé, selon qu'elles seront existantes ou en projets.

ESCARPEMENT DE ROC.

Les surfaces et les talus de rochers et d'escarpemens seront toujours indiqués par une teinte gris-bleu.

CONSTRUCTIONS EN PIERRES SÈCHES.

Les constructions en pierres sèches seront lavées en violet (1)

---

(1) On a adopté le vert pour les surfaces de terrassemens existans, parce que cette couleur est celle du gazon qui recouvre ordinairement la fortification, et que, sans chercher à imiter la nature, il est cependant raisonnable de suivre une indication qu'elle donne aussi simplement. On emploie le jaune gomme gutte pour les terrassemens en remblai ; cette couleur est depuis long-temps en usage dans le corps du génie pour cet objet.

Pour les surfaces en déblai, on a choisi le bistre, parce que c'est la couleur qui est employée ordinairement ; mais comme

LAVIS D'ENCRE DE LA CHINE.

31. Avant d'appliquer sur les talus des terrassements la couleur conventionnelle qui leur appartient, on les recouvrira d'un lavis à l'encre de la Chine, dont l'intensité sera proportionnelle à leur inclinaison ; elle sera assez forte sur les plans à 45 degrés, moindre sur les talus de banquette, très-faible ou même presque nulle sur les plongées, sur les rampes et sur les plans de glacis en pente douce. Ce lavis sera légèrement dégradé à partir du haut des talus jusque vers leur pied.

Les talus des murs pourront aussi être lavés d'abord à l'encre de la Chine, mais on aura soin que la teinte ne soit pas assez foncée pour empêcher de bien distinguer la couleur conventionnelle qui doit ensuite les recouvrir.

Le débouché des poternes dans les talus de mur sera marqué en noir foncé.

---

le bistre est assez difficile à mettre en œuvre, on propose comme variante de le remplacer par un mélange de terre de sienne brûlée et d'encre de la chine qui adhère bien mieux au papier et par lequel on peut obtenir une teinte analogue au bistre.

La même couleur est employée aussi pour les terrassemens modifiés. Il a paru important de fixer, au moins approximativement, un chiffre pour indiquer, dans le cas de remblais au-dessus de terrasssemens existans, la limite au-dessus de laquelle les remblais projetés ne seraient plus considérés comme terrassemens simplemement *modifiés*, sans cette fixation, il pourrait arriver fréquemment que des remblais d'une grande épaisseur seraient lavés en bistre sur les plans, tandis que d'autres bien moins considérables seraient lavés en jaune

Le carmin est depuis long-temps consacré dans le service du génie aux maçonneries existantes, ce qui engage à le conserver. On employait autrefois la gomme gutte pour les maçonneries en projet, mais comme cette couleur est déjà celle des terrassemens, il pouvait en certains cas en résulter de la confusion ; en conséquence on croit convenable de sanctionner l'usage qui s'est introduit depuis quelques années d'adopter le jaune de chrome pour les maçonneries en projet. Cette couleur est d'un beau jaune un peu orangé, bien persistante et tranchante assez sur la gomme gutte pour qu'on ne puisse, dans aucun cas, confondre ensemble des terrassemens et de la maçonnerie.

La couleur conventionnelle qui sera appliquée sur les surfaces de glacis en pente douce, sera dégradée à partir de la crête en allant vers le pied (1).

FONDS DE FOSSÉ.

32. Les fonds des fossés secs seront lavés à la sépia : on aura soin que la teinte ne soit jamais assez foncée pour empêcher de bien distinguer les lignes et les cotes qui pourront s'y trouver (2).

PARTIES A LAISSER EN BLANC.

Les terrepleins, les bermes, les banquettes et les rampes ne recevront point la teinte conventionnelle. Le terrain naturel, situé soit à l'intérieur de la place, soit au-dehors de la fortification, sera laissé en blanc, sur les plans d'ensemble à grande échelle, à l'exception toutefois des terrains militaires, qui pourront être teintés en vert pâle dans certains cas.

Les routes et les chemins seront toujours laissés en blanc.

SURFACES D'EAU.

34. Les surfaces d'eau s'indiqueront par une teinte de bleu très-légère, mais un peu renforcée sur les bords, et les talus prolongés au-dessous de ces surfaces ne recevront aucune teinte particulière.

---

(1) On prescrit de dégrader la couleur conventionnelle sur les glacis pour éviter la monotonie qu'occasionneraient des teintes plates sur des surfaces assez étendues, et pour que le pied des glacis ne tranche pas trop avec le terrain naturel qui est ordinairement laissé en blanc.

Dans les parties à peu près au niveau des fossés, telles par exemple que les glacis des caponnières, on fera bien de rendre la teinte conventionnelle un peu faible, et la teinte préalable d'encre de Chine presque plate, c'est-à-dire, peu dégradée de haut en bas.

Lorsqu'on ne mettra point de lavis à l'encre de la Chine sur les plongées, on renforcera un peu la teinte conventionnelle prés de la crête, afin de faire sentir la pente du plan.

(2) On prescrit pour les fonds de fossé secs d'employer la sépia au lieu du bistre qui est ordinairement en usage, afin de n'y pas mettre la même teinte que sur les déblais et sur les terrassemens modifiés ; en se servant de la sépia purifiée qui est facile à mettre en œuvre, on aura une teinte assez fixe et tenant à peu près le milieu entre l'encre de la Chine et le bistre.

35. Lorsqu'une inondation supposée tendue sera traversée par une rivière, celle-ci recevra sur ses bords une teinte un peu plus forte que dans les autres parties, et il en sera de même dans les cas analogues.

Lorsque des eaux d'inondation pourront être tenues à diverses hauteurs, et rencontreront par conséquent le terrain suivant plusieurs lignes, on se contentera de border chacune de ces lignes d'un liseré dégradé vers l'intérieur de l'inondation. On fera de même pour les laisses de la haute mer.

BATIMENS EN GÉNÉRAL.

36. Les bâtimens qui avoisinent la fortification seront lavés en carmin ou en jaune de chrome, selon qu'ils seront existants ou en projet.

CONSTRUCTIONS EN BOIS.

Les constructions en bois seront lavées à l'encre de la Chine pâle, et si elles sont en projet, leur contour sera bordé d'un liseré jaune à l'intérieur.

DISTINCTION DES BATIMENS AFFECTÉS AUX DIFFÉRENS SERVICES.

38. Sur les plans à petite échelle, les bâtiments militaires seront généralement représentés par leurs combles, et lavés en bleu foncé. Lorsqu'on voudra distinguer entre eux les bâtimens dépendants de divers services, on conservera le bleu pour ceux dont l'entretien est à la charge du génie militaire. Ceux qui dépendent du service de l'artillerie seront lavés en violet, ceux de la marine en vert foncé.

Enfin les édifices civils, lorsqu'on voudra les faire distinguer des constructions particulières, seront représentés par leurs combles et lavés en rouge de tuile.

BATIMENS A DÉMOLIR.

39. Les bâtimens à démolir pour l'exécution d'un projet de fortification seront lavés sur les plans d'ensemble, comme il est expliqué dans les articles précédents, mais en teintes très-faibles, à moins qu'ils ne soient situés au milieu des terrassemens, car alors ils ne seront recouverts d'aucune autre teinte que celle qui convient à la fortification.

Lavis.

TERRAIN EXISTANT.

52. Le terrain existant et coupé sera lavé en bistre sur les profils dans toutes les parties qui ne devront pas être déblayées ; les parties à déblayer seront laissées en blanc.

TERRASSEMENS.

MAÇONNERIES.

Les terrassemens en projet, coupés, seront lavés à la gomme gutte ; les maçonneries existantes le seront en carmin,

EAUX.

celles en projet en jaune de chrome comme sur le plan : on observera qu'en général les teintes des parties coupées devront être très fortes. La teinte des eaux cependant sera indiquée en bleu clair, mais la couleur sera renforcée près de la surface.

COUCHES DE TERRAINS DE DIFFÉRENTES NATURES.

53. Lorsqu'un plan vertical de coupes rencontrera successivement des couches de terrain de différentes natures qu'il sera important d'indiquer pour justifier les dispositions prises pour l'établissement des fondations, on tracera et on cotera l'intersection de ce plan avec la surface supérieure de chacune des couches, dont la dénomination sera écrite dans l'emplacement même qu'elle occupe; on pourra en outre recouvrir chacune de ces couches d'une couleur particulière.

LAVIS A L'EFFET.

54. Lorsque les élévations seront lavées, on pourra faire usage du lavis à l'effet à l'encre de la chine, en supposant les rayons lumineux obliques tombant de haut en bas et de gauche à droite sur chaque plan de projection suivant la diagonale d'un cube dont une face s'appuierait sur ce plan ; on appliquera en outre, en teintes plates très légères, sur toutes les surfaces projetées, les couleurs conventionnelles employées pour la projection horizontale.

55. Les matériaux de construction tels que bois, fer, cuivre, etc.. seront teints selon les conventions en usage pour les dessins de bâtimens, ainsi qu'il sera expliqué plus loin (art. 74).

DU LAVIS DES TRAVAUX D'ATTAQUE ET DE DÉFENSE.

61. Sur les dessins à l'échelle de $\frac{1}{2000}$ (1 millimètre pour 2 mètres) et au-dessus.

Les levées de terre des tranchées et les épaulemens des batteries de siège, ainsi que les terrassements exécutés dans la place pour la défense, seront lavées en bistre pour exprimer des terres fraîchement remuées. Outre cela, sur tous les plans d'ensemble, quelle que soit leur échelle, des couleurs particulières, appliquées dans le fond des tranchées et sur les fossés des batteries, serviront à bien faire distinguer les époques successives de l'avancement des travaux d'attaque.

DISTINCTION DES NUITS.

On adoptera pour cet objet six couleurs différentes, savoir : le jaune, le bleu, le brun-rouge, le vert et le violet ; et on les appliquera de manière que la partie de tranchée exécutée chaque nuit ou plutôt chaque 24 heures, soit bien distincte des parties attenantes, en ayant soin seulement que tout l'ouvrage, qui a été fait pendant une même nuit, soit revêtu partout de la même couleur. Le numéro des nuits sera indiqué par un nombre placé au milieu de la partie du travail à laquelle il se rapporte.

DÉSIGNATION DES BATTERIES.

Conformément à l'usage adopté dans l'artillerie, les batteries de canons et d'obusiers seront désignées par des numéros, celles de mortiers et de pierriers par des lettres, les unes et les autres suivant l'ordre de leur construction : pour les batteries commencées la même nuit, les numéros ou les lettres courront de droite à gauche.

DESSINS DE DÉTAIL.

62. Sur les dessins de détail et sur les coupes, les gabions, les fascines, les saucissons, etc., seront dessinés à la plume et à l'encre de la chine, et l'on appliquera pardessus une teinte couleur de bois. Le profil du terrain naturel sera lavé en bistre comme tous les profils de fortification, celui des terres du parapet sera lavé en jaune relevé par des touches de bistre.

DU LAVIS DES BATIMENS MILITAIRES.

74. Les maçonneries, les terres et les eaux seront lavées comme il a été indiqué pour les dessins de fortification. Les autres matériaux coupés porteront, indépendamment des hachures, les teintes conventionnelles ci-après, savoir :

TEINTES CONVENTIONNELLES.

Le bois de charpente ou de menuiserie. .	d'un brun clair.
Le fer et l'acier.	bleu clair.
Le cuivre jaune et le cuivre rouge. . . .	brun-rouge pâle.
L'étain, le plomb, le zinc et le fer-blanc.	gris.
Les tuiles.	rouge orangé pâle
Les ardoises.	bleu-noir.
Le pavé.	carmin pâle.
Le verre.	vert tendre.

Ces matériaux seront représentés de la même manière, soit qu'ils existent ou qu'ils soient seulement en projet.

75. Les pavés, carrelages et planchers, et les maçonneries en général, ne recevront aucune teinte en projection sur les plans.

LAVIS DES ÉLÉVATIONS.

Les parties autres que les maçonneries vues en élévation, recevront, en teintes très légères, les couleurs conventionnelles qui leur ont été assignées.

Les fenêtres et autres ouvertures, vues de l'extérieur en élévation, recevront, sur les dessins d'ensemble, une teinte foncée d'encre de la Chine ; vues de l'extérieur, elles seront laissées en blanc. On n'exprimera les ventaux de porte, les croisées et les vitres que sur les dessins de détail.

LAVIS A L'EFFET.

76. Les coupes et élévations seront lavées à l'effet à l'encre de la Chine, en supposant des rayons lumineux obliques comme il a été expliqué pour la fortification (art. 54.)

Les plans pourront aussi être lavés à l'effet, lorsque cela sera utile pour l'intelligence du dessin.

Tableau *des couleurs conventionnelles adoptées pour les Lavis des Dessins de Fortification et de Bâtimens militaires.*

OBJETS A REPRÉSENTER.	COULEURS employées.	COMPOSITION DES COULEURS.
TERRASSEMENT.		
Terrassements existans. . .	Vert franc. . .	Vert minéral.
Terrassements en remblai. .	Jaune.	Gomme gutte pure.
Terrassements en déblai ou modifiés, et terres coupées	Bistre, ou mieux terre de Sienne brûlée, mélangée d'encre de la Chine.	
Rochers.	Gris-bleu. . . .	Bleu de Prusse, 4 parties, encre de Chine, 5.
Fonds de fossés.	Sépia purifiée .	
EAUX.		
Eau.	Bleu pâle. . . .	Bleu de Prusse très étendu d'eau.
CONSTRUCTION.		
Maçonnerie existante. . . .	Rouge.	Carmin.
Maçonnerie en projet. . . .	Jaune orangé. .	Jaune chrome.
Murs en pierres sèches. . .	Violet.	Bleu de Prusse, 1 partie ; carmin, 1 partie.
Bois de charpente et de menuiserie.	Brun.	Gomme gutte, 6 parties ; carmin, 4 parties ; encre de la Chine, 3 parties.
Fer et acier	Bleu pur. . . .	Bleu de Prusse.
Cuivre rouge et cuivre jaune	Brun-rouge pâle	Ou 3 parties de carmin, 2 parties de gomme gutte, 1/2 partie d'encre de Chine.
Étain, zinc et plomb.	Gris pâle. . . .	Encre de Chine, 16 parties, bleu de Prusse, 6 parties, 1/2 partie de carmin.
Tuiles, briques.	Rouge orangé. .	Minium.
Ardoises.	Bleu gris foncé.	Encre de Chine, 16 parties, bleu de Prusse, 6 parties.
Pavés.	Rouge pâle. . .	Carmin très étendu.
Verre.	Vert-bleuâtre. .	Bleu de Prusse, 2 parties, gomme 1 partie.
MASSES DE BATIMENTS.		
Bâtimens en maçonnerie existants.	Rouge.	Carmin.
Bâtiments en maçonnerie, en projet.	Jaune orangé. .	Jaune de Chrome.
Constructions en bois. . . .	Gris.	Encre de Chine.
Bâtiments militaires dépendant du service du génie.	Bleu-gris foncé.	Encre de Chine, 8 parties, bleu de Prusse, 3 parties.
Bâtiments militaires dépendant du service de l'artillerie.	Violet foncé. .	Bleu de Prusse, 1 partie, carmin, 1 partie.
Bâtimens dépendant du service de la marine. . . .	Vert foncé. . .	7 parties bleu de Prusse, 7 parties de gomme gutte, 1 partie d'encre de Chine.
Grands édifices publics. . .	Rouge-aurore. .	5 parties de minium, 1 partie de gomme gutte.

CHAPITRE 2.

TOPOGRAPHIE. — *Des cartes militaires.*

Les cartes militaires ont pour objet de compléter par une *reconnaissance* à vue, sans aucun instrument de lever, les indications fournies par les cartes existantes.

Aujourd'hui que les cartes, non seulement de la France, mais encore de tous les pays d'Europe, ont eté dressées avec une grande exactitude, la direction des routes et les cours d'eau, l'emplacement des bois, des lacs et des marais, la position des villes et des villages, sont donnés de manière à suffire quel que soit le lieu de la reconnaissance ; mais ce qui n'est pas exprimé dans ces cartes, malgré les soins apportés à leur exécution, c'est le figuré du terrain, et dans la stratégie, dans les projets de travaux militaires la connaissance de ce figuré acquiert d'une haute importance.

Le comité supérieur du génie a prescrit l'exécution de trois cartes, comme étant les trois états possibles d'une reconnaissance militaire : 1° la carte minute faite sur le terrain : 2° la carte lavée en teintes conventionnelles; 3° la carte à l'effet. Nous parlerons de chacune de ces cartes en particulier, mais auparavant il nous paraît utile d'entrer dans quelques détails relatifs à la représentation géométrique du terrain.

Le terrain est mieux et plus facilement représenté par des courbes provenant de plans horizontaux qui le coupent à des hauteurs différentes que par tout autre moyen (1).

Dans les levers réguliers ces sections horizontales sont obtenues avec le niveau et la mire ; le *voyant* reste fixe pendant la détermination d'une même courbe, et la ligne de séparation des couleurs est amenée à la hauteur des horizontales du niveau par des tâtonnemens en promenant le pied de la mire sur le terrain.

La ligne qui glisserait en s'appuyant par ses extrémités sur deux courbes horizontales consécutives et en restant constamment *normales* à ces courbes, engendrerait une surface dont la forme se rapprocherait d'autant plus de celle du terrain que les courbes seraient plus voisines. Cette génératrice, variable de grandeur et de direction à chaque point, lorsque les courbes des sections ne sont pas parallèles, est *la ligne de plus grande pente* de la zône.

(1) Le plus souvent pour simplifier les constructions à faire sur la carte, les plans coupans sont pris à une égale distance les uns des autres, alors on dit que les sections sont équidistantes et la cote d'une seule horizontale suffit pour déterminer toutes les autres.

Comme la ligne de plus grande pente est l'hypothénuse d'un triangle rectangle dont un des côtés de l'angle droit est l'équidistance et l'autre la normale commune on peut représenterles pentes par le rapport de la hauteur du triangle à sa base. Ainsi la fraction $\frac{1}{3}$, exprimant une pente, se construirait en traçant deux perpendiculaires ax, ay (fig. 109), et en portant à partir du point a, sur la première, une partie quelconque an, et sur la seconde trois parties égales à an; la ligne nm ferait connaître l'inclinaison de la ligne de plus grande pente avec l'horizon.

Les lignes de plus grande pente, ou plus exactement leurs projections, servent, comme nous le verrons, à produire un effet qui exprime le terrain à la simple vue et à la manière d'un tableau; mais actuellement nous montrerons que les courbes horizontales définissent suffisamment le terrain, et qu'avec leur secours seul on peut résoudre toutes les questions relatives aux pentes.

1re QUESTION. — Soit un terrain représenté par ses courbes horizontales (fig, 110) : l'équidistance étant de 10m et l'échelle de $\frac{1}{10,000}$, on demande de construire la pente d'une normale ab, tracée entre deux courbes horizontales.

Sur une verticale élevée à l'extrémité supérieure de la ligne ab, portez à partir du point a une longueur ac égale à l'équidistance réduite à l'échelle, joignez les points c et b et la droite cb exprimera la plus grande pente de la zône entre les points a et b.

Si la ligne donnée était comme mn oblique par rapport aux courbes, la construction serait la même, seulement la ligne pn n'exprimerait pas la plus grande pente.

Une coupe suivant la droite AB se construirait comme nous l'avons indiqué pour un profil de fortification. Sur une horizontale représentant un plan à la cote 10m marquez les points f', b'... k' de manière que f'b' égale fb, b'a' égale ba et ainsi de suite; par les points f', b',... k' tracez au crayon des perpendiculaires à l'horizontale 10m et portez sur la première une longueur f'F égale à 30 mètres réduits à l'échelle; sur la 2e une distance b'B, égale à 20 mètres, sur la 3e une distance a'A égale à 10 mètres, et sur les 4e, 5e et 6e des distances g'G, h'H, k'K égales à 10, 20 et 30 mètres. Faites passer une courbe par les points F, B, A... K et la coupe sera terminée.

2e QUESTION. — Tracer (fig. 110) à partir du point x la projection d'une ligne d'une pente donnée.

Supposons que la pente soit $\frac{1}{12}$, l'équidistance étant 10m, la base du triangle ou la projection horizontale de la ligne sera donc 120m réduits; du point x avec un rayon égal à 120m ou à 12 millimètres décrivez un arc de cercle qui pourra couper la courbe supérieure en deux points y et z et les deux lignes xz et xy satisferont également à la question. En continuant de tracer à partir des points z et x des lignes de la même inclinaison, dans les zônes supérieures et inférieures, on aura déterminé une direction qui traversera tout le terrain sans excéder la pente de $\frac{1}{12}$

3e QUESTION. — Un point m étant donné par sa projection (fig. 111), en determiner la cote.

Soit 120^m^ et 110^m^ la cote des courbes horizontales entre lesquelles le point se trouve : menez la ligne de plus grande pente qui passe par le point donné et divisez cette ligne en 10 parties égales ; comme la cote de chacun de ces points de division est connue, il est facile, soit en subdivisant la partie qui contient le point, soit en appréciant à l'œil, de déterminer la cote du point m.

4e QUESTION. — Intercaler entre deux courbes consécutives un certain nombre d'autres courbes horizontales.

Soit à intercaler quatre courbes entre celles cotées 100 et 110 de la fig. 111 : menez plusieurs normales a, b, c, d, divisez chacune d'elles en cinq parties et réunissez ensuite tous les premiers points de division, tous les 2e, tous les 3e et tous les quatrième, en prenant pour toutes une direction moyennne entre la courbe supérieure et la courbe inférieure.

D'autres questions pourraient bien encore être résolues, mais elles se rattachent plus particulièrement à la fortification et nécessiteraient des préliminaires que nous n'avons pas donnés.

Si dans un lever régulier les courbes horizontales *définissent* le mieux et le plus clairement possible un terrain, il faut convenir qu'elles ne le *représentent* pas, en ce sens, qu'examinées par des personnes peu familiarisées avec le dessin géométrique, elles ne produisent qu'une impression vague par le peu de différence d'intensité des pentes, quelque faible que soit la distance des sections horizontales. D'ailleurs ces courbes devant être tracées à l'encre de la chine, jettent de la confusion dans les détails et les rendent quelquefois impossibles à décrire. On a donc dû pour certains dessins, pour ceux de topographie surtout, abandonner ce mode de représentation dans le cas même où l'on aurait supposé un œil assez exercé pour suivre à la simple vue les horizontales sur un terrain qui ne peut être embrassé que par parties. Les projections de lignes de plus grande pente ou hachures ont paru devoir être substituées aux courbes horizontales, et afin qu'elles ne soient pas un obstacle à la représentation des détails on a décidé qu'elles seraient exécutées au crayon de mine de plomb au lieu de l'être à l'encre, de telle sorte que la longueur des projections des lignes de plus grande pente est conservée et l'effet général de la carte ne peut qu'y gagner.

Les hachures, pour donner à la représentation tout le relief et l'exactitude désirables, doivent satisfaire à ces deux conditions : — *être normales à la fois à deux horizontales consécutives;* — *et d'autant plus rapprochées et plus grosses que les pentes sont plus raides.*

Lorsque les courbes sont parallèles (1) la hachure droite a (fig. 112), perpendiculaire à l'une d'elles, l'est aussi à l'autre ; si les courbes ne sont pas parallèles (fig. 113) la hachure b ne sera plus droite et elle se courbera pour satisfaire à la condition d'être normale à la fois aux deux courbes. Pour déterminer la courbure de la hachure on tracera plusieurs courbes intermédiaires, 82, 84, 86, 88, qui pourront être considérées comme parallèles, alors la hachure totale, mn, se composera des cinq petites normales droites menées successivement de la première courbe à la 2e, de la 2e à la 3e et ainsi de suite.

Quant à la grosseur et au rapprochement des hachures, ils doivent être tels que l'intensité des teintes soit proportionnelle à la rapidité des pentes (2). Pour obtenir ce résultat on divise les bandes comprises entre deux courbes horizontales consécutives en carrés qui ont pour côté la normale même, si les courbes sont parallèles, ou une moyenne entre les normales extrêmes des carrés présumés, si les courbes ne sont pas parallèles ; puis on intercale un même nombre de hachures dans chaque carré et on proportionne

(1) Nous entendons ici par courbes parallèles des courbes telles que toutes les normales menées de l'une à l'autre sont égales.

(2) Il est bien entendu que les parties horizontales ayant une pente nulle ne seront couvertes d'aucun travail de hachures.

leur grosseur à la rapidité des pentes. La fig. 114 indique le travail à faire pour exprimer avec les hachures le terrain défini par les horizontales 40, 30, 20 et 10.

Cette manière d'opérer, bonne pour les levers réguliers, serait trop longue pour les cartes militaires : nous conseillons celle qui suit et que nous avons toujours employée.

Les courbes horizontales étant données (fig. 114 bis), tracez au crayon très légèrement quelques grandes normales, les plus longues possibles, comme ab, cd, mn, puis faites les hachures en passant graduellement d'une courbure à une autre et en donnant approximativement à chaque portion de terrain la teinte qui serait résultée de l'emploi des carrés.

Les principes et les données générales qui précèdent suffisent pour entendre l'exécution des trois cartes prescrites. Nous allons nous occuper de chacune d'elles en particulier.

1re CARTE. — CARTE MINUTE.

Ainsi que nous l'avons dit, la carte minute doit être entièrement exécutée sur le terrain. Il n'y a qu'un seul travail que nous allons suivre relativement à chacune des parties principales de cette carte :

TRAVAIL UNIQUE. (*Fig.* 115).

POINTS PRINCIPAUX. Ils sont généralement fournis par les cartes existantes.

LIGNES PRINCIPALES. Leur direction s'obtient à l'aide du déclinatoire ou du double décimètre servant d'alidade :

leur longueur se mesure au pas, par le temps écoulé à les parcourir selon l'étendue des reconnaissances ou à vue.

Les autres lignes du terrain sont rapportées à vue, en ayant le soin, pour tracer chacune d'elles, de bien orienter la planchette.

FIGURÉ DE TERRAIN. Il est indiqué par des portions de courbes horizontales, non assujéties à l'équidistance, mais assez rapprochées pour que les normales communes à deux courbes consécutives se confondent sensiblement avec la surface du terrain.

L'inclinaison de ces normales, ou lignes de plus grande pente, avec l'horizon, est exprimée par le rapport des bases des pentes à leur hauteur : cette hauteur étant à la fois prise pour numérateur de la fraction et égale à l'unité dans les pentes plus faibles que 45°.

COTES DE NIVELLEMENT. Elles sont placées sur les faîtes et les plateaux.

Observations. — Les amorces de courbes horizontales seront choisies dans les mouvemens les plus prononcés du terrain, sur les surfaces en dos ou en gouttières et près des voies de communication.

Voies de communication.	Routes royales.	═══	Trait noir, fin. (encre de la Chine très foncée.)
	Routes départ.	══	
	Chemins comm.	- - -	

Observations. — Lorsque l'échelle du dessin est plus petite que $\frac{1}{5000}$ les voies de communication sont supposées plus larges ; alors elles doivent être formées de traits fins, égaux et constamment parallèles.

Contours
- des maçonneries. —Trait rouge, uniforme moyen. (carmin foncé.)
- des eaux.—Trait bleu (indigo, teinte moyenne.)
- des bois, des prairies, des vignes, des jardins. — Trait noir, fin. (encre de la Chine.)

Observations. — Aucun travail n'a lieu dans l'espace occupé par un bois, mais les arbres isolés ou groupés ainsi que les haies sont figurés par une légère indication de feuillé.

Amorces des courbes horizontales. — Trait continu, noir et gros, (encre de la Chine très foncée).

Normales ou lignes de plus grande pente. — Trait noir, pointillé et moyen (encre de la Chine très foncée.)

Observations. — La fraction exprimant le rapport de la hauteur à la base de la pente est placée vers le milieu de la normale.

Une flèche indique par sa direction le cours des eaux.

Deux lignes tendent l'une au nord magnétique, l'autre au nord vrai : à l'extrémité de celle qui indique ce dernier point est la lettre N, toutes deux sont terminées par un fer de flèche.

Les écritures sont le plus lisible possible, sans pour cela imiter les caractères moulés.

L'échelle est mise sous la forme $\frac{1}{a}$, et construite en ligne.

2e CARTE. — CARTE LAVÉE.

Cette carte est faite dans le cabinet en employant les lignes et les indications de la carte minute. Son exécution peut se décomposer en trois *travails* successifs que nous allons faire connaître.

1er TRAVAIL. — (FIG. 116.)

LIGNES. Toutes celles relatives à la planimétrie sont tracées sur cette carte telles qu'elles étaient dans le croquis-minute.

FIGURÉ DE TERRAIN. Des portions de courbes appartenant à des sections équidistantes sont substituées aux amorces tracées à vue sur le terrain. Pour obtenir la distance qui doit séparer les nouvelles courbes il faut multiplier les dénominateurs des différentes fractions indiquant les pentes, par l'équidistance réduite à l'échelle : ainsi en admettant l'équidistance de 10 mètres et l'échelle de $\frac{1}{15,000}$, l'espacement horizontal des courbes pour les pentes de $\frac{1}{6}$ sera de $0,00066 \times 6$ ou de 0,00399; il sera de 0,0052 dans les pentes de $\frac{1}{8}$ etc.

Les amorces des courbes du croquis-minute ne comprendront pas toujours un nombre de millimètres divisible exactement par celui qui doit séparer les nouvelles courbes, alors il faudra rappeler ses souvenirs et intercaler ces dernières de manière à satisfaire le mieux possible à la représentation que l'on se propose.

Quelquefois aussi la distance entre deux amorces tracées sur le terrain sera plus petite que la longueur de la base de la pente pour l'équidistance adoptée ; dans ce cas, il faudra, ou répartir cette différence entre les zônes voisines, ou laisser les premières amorces et leur donner des cotes non multiples de 10.

2e TRAVAIL. — (FIG. 117).

FIGURÉ DE TERRAIN.

Les projections horizontales des lignes de plus grande pente ou hachures sont définitivement tracées au crayon de plombagine (appelé vulgairement mine de plomb), et doivent remplir les conditions que nous avons indiquées précédemment.

Pour corriger les pentes mal exprimées avec les hachures, et pour donner plus de relief au travail, on se servira d'encre de la chine ; il faudra d'abord en étendre une couche excessivement faible (de l'eau à peine teintée) sur toutes les parties crayonnées, la laisser sécher et appliquer les nouvelles teintes en pochant la couleur pour ne pas donner au terrain l'apparence de surfaces lisses et polies.

3e TRAVAIL. — (FIG. 118).

TEINTES CONVENTIONNELLES.

Les mouvemens du terrain étant suffisamment indiqués, les différentes parties de la carte seront ainsi lavées. :

Les maçonneries en rouge. — Carmin pur.

Les bois en jaune. — Gomme gutte pure.

Les eaux en bleu — Indigo ou bleu de Prusse mélangé à une pointe de carmin.

Les prés en vert franc. — Gomme gutte et bleu de Prusse.

Les vignes en violet. — Indigo, carmin et une pointe d'encre de la chine.

Les vergers en vert jaune. — Gomme gutte et bleu de Prusse.

Les broussailles en couleurs panachées (c'est-à-dire fondues à leur contour). — Vert franc et vert jaune.

Les bruyères en couleurs panachées. — Vert franc et carmin.

Les sables en jaune orangé. — Gomme gutte et carmin.

Les jardins en brun clair. — Terre de Sienne brûlée.

Les teintes précédentes devront être au-dessous de la moyenne, la couleur des maçonneries seule dominera toutes les autres.

Les terres labourées et les chemins ne reçoivent aucune teinte.

ÉCRITURES. *Les écritures* comme dans la carte minute.

COTES. Les cotes sont placées à côté des courbes horizontales.

3me CARTE. — CARTE A L'EFFET.

Le but que l'on doit se proposer dans la 3me carte est de produire, malgré la convention relative aux pentes, l'effet le plus naturel et le plus vrai possible.

Les cinq *travails* qui suivent indiqueront la marche à suivre dans l'exécution de la carte à l'effet.

1er TRAVAIL. — (FIG. 119).

LIGNES. Les indiquer au crayon, puis tracer :

Au Carmin et en traits fins le contour des maçonneries ;

A l'encre de la Chine, teinte un peu faible et en lignes fines, les chemins et la partie supérieure des escarpemens;

En bleu, lignes moyennes, le contour des eaux.

FIGURÉ DE TERRAIN.

Indiquer le plus faiblement possible les courbes horizontales : exécuter ensuite les hachures au crayon de mine de plomb, comme dans le 2me travail de la carte lavée, et les recouvrir de teintes d'encre de la Chine, ainsi que nous l'avons indiqué.

Observations. — Forcer un peu les pentes; le travail d'imitation faisant pâlir les teintes qu'il recouvre.

2me TRAVAIL. (FIG. 120.)

Achever le modelé du terrain en employant la terre de sienne brûlée, la sépia et la teinte neutre : la première de ces couleurs placée sur le haut des pentes, la seconde vers leur milieu et la troisième dans les fonds.

Pour arriver à un effet juste, il est de toute nécessité de donner aux faîtes et aux plateaux un éclat de couleur proportionné à leur relief, c'est-à-dire d'employer la terre de sienne brûlée pure, ou mélangée à un peu de gomme gutte ou de carmin pour les parties de terrain les plus élevées, et d'ajouter au contraire, à cette couleur, un peu de sépia, de teinte neutre, pour celles qui vont en s'abaissant.

Dans les fonds quelques glacis de teinte neutre et de bleu de cobalth donneront plus d'éclat aux plateaux.

Le relief étant suffisamment indiqué, on lavera les maçonneries en carmin, teinte moyenne, les eaux en bleu (indigo) teinte faible, et toutes les autres parties de la carte avec une teinte fort légère de gomme gutte, de carmin et de terre de sienne mélangés, l'une ou l'autre de ces couleurs dominant selon la nature du sol.

3me TRAVAIL. (FIG. 121.)

Etendre sur les prés une teinte de vert franc.

Panacher les bois de terre de sienne brûlée, de jaune et de différents verts.

Panacher également les bruyères et les broussailles avec les couleurs indiquées pour la carte lavée.

Placer sur les vergers une teinte de vert jaune, et sur les sables, une teinte de jaune orange.

Enfin, établir par un travail au crayon excessivement léger, les divisions des champs, des vignes et des prés.

Observation. — Toutes les teintes employées dans ce travail doivent être faibles et étendues à pinceau plein.

Les couleurs préparées dans des réservoirs de papiers seront mieux décantées.

4me TRAVAIL. (FIG. 122.)

Silhouetter sur le fond préparé pour les bois, des masses d'arbres, de formes, de grandeur et de verts différents. Les grandes masses toujours disposées suivant des lignes courbes et des points verts et jaunes de différentes grandeurs semés dans les jours que laissent entr'elles les masses principales.

Silhouetter de la même manière les arbres groupés ou isolés bordant les routes, divisant les prés, les champs, etc.

Observation. — Les verts des masses d'arbres doivent être employés en teintes moyennes et à pinceau plein. — On s'attachera à produire des silhouettes également découpées dans toutes leurs parties, à réserver quelques clairs dans l'intérieur des masses et à conduire ce travail avec le plus de célérité possible.

Étendre sur les champs des teintes très faibles de couleurs analogues à leur culture.

Observation. — Ce travail qui s'exécute avec des glacis de bleu, de jaune, de vert, de carmin etc., doit être assez transparent pour ne pas nuire au relief du terrain et assez léger pour ne pas couvrir la carte de pièces ressemblant à des échantillons d'étoffes cousus les uns sur les autres.

Disposer sur les vignes avec un pinceau émoussé et rempli de vert franc, teinte moyenne, des lignes de points parallèles et rapprochées suivant des directions différentes dans les différens plants.

Placer sur le fond préparé des broussailles quelques petits groupes d'arbres et beaucoup de points, et sur celui des bruyères, des points seulement dont la masse doit produire des lignes analogues à celles que l'on a fait suivre, dans les bois aux grandes masses d'arbres.

Diviser les jardins en compartimens de différentes nuances et les pointer de quelques arbres et arbustes.

Marquer les haies par des lignes de petits points verts inégaux et se touchant souvent.

Enfin commencer les escarpemens avec la teinte neutre, la sépia ou le vert, selon qu'ils représentent des parties de rochers, de la terre ou du gazon.

5e ET DERNIER TRAVAIL. — (FIG. 122).

Exécuter à la plume et à l'encre de la chine foncée un travail de feuillé au-dessous et à droite seulement de la silhouette de tous les arbres, groupés, isolés ou formant les bois.

Joindre à ce travail des ombres portées à l'encre de la chine, teinte moyenne, en admettant la direction lumineuse de gauche à droite dont les projections forment des angles de 45° avec le bord inférieur du cadre.

Mettre des traits de forces aux maçonneries, en carmin foncé.

Diviser les champs par quelques touches excessivement fines de vert ou de sépia.

Donner aussi quelques touches de vert foncé aux haies, et de sépia à la partie supérieure des escarpemens.

Enfin revoir et harmoniser toutes les parties de la carte.

ÉCRITURES. Elles seront en lettres moulées disposées parallèlement au bord inférieur du cadre pour les constructions en général et perpendiculaire à la direction des routes et des cours d'eau.

COTES. Elles sont placées sur les plateaux et dans les fonds.

DIMENSIONS DES ÉCRITURES DE LA CARTE A L'EFFET POUR L'ÉCHELLE DE $\frac{1}{15000}$

L'unité est le décimillimètre.

Objets				Objets			
Abbayes (1)		*rd*	19	Fontaines		*ita*	7
Arbres de remarques		*ita*	7	Forêts	Grandes	*cd*	87
Auberges		*id*	8	Forêts	Ordinaires	*id*	52
Bacs		*id*	7	Forges et fonderies	Grandes	*rd*	17
Batteries		*id*	8	Forges et fonderies	Petites	*rp*	12
Bois	Grands	*cp*	43	Forts		*cd*	35
Bois	Ordinaires	*rd*	34	Fours à chaux		*ita*	6
Bois	Petits	*rd*	23	Glaciers		*rd*	22
Bois	Broussailles	*rp*	23	Gués		*ita*	7
Bornes		*ita*	9	Hameaux		*rp*	22
Bourgs		*cp*	44	Hermitages		*ita*	3
Bruyères		*rp*	23	Iles et Rivières.	Grandes	*rd*	72
Canaux	Grands	*cp*	26	Iles et Rivières.	Petites	*rp*	16
Canaux	Ordinaires	*rd*	26	Lacs	Grands	*cd*	52
Carrefours dans les forêts		*rd*	23	Lacs	Moyens	*cp*	35
Carrières		*ita*	7	Lacs	Petits sur les M	*rd*	10
Chapelles		*id*	9	Lieux dits		*rp*	18
Châteaux	Forts	*rd*	23	Maisons	Isolées	*ita*	9
Châteaux	De plaisance	*id*	17	Maisons	De campagne	*rp*	9
Chaussées		*id*	17	Marais		*id*	18
Chemins		*ita*	10	Moulins à eau ou à vent		*ita*	7
Citadelles		*cp*	40	Monts ou Sommets		*r d*	16
Cols de montagnes		*rd*	23	Montag.	g. chaî.	*cd*	77
Commanderies		*id*	17	Montag.	chaî. s.	*cp*	52
Coteaux, côtes, cotières		*rp*	17	Montag. isolées	grandes	*id*	25
Couvents		*id*	17	Montag. isolées	petites	*rd*	20
Croix		*ita*	7	Parcs de château grands		*rp*	23
Dunes	Grandes	*cp*	39	Parcs de château petits		*ita*	16
Dunes	Petites	*rd*	17	Passages, Défilés		*ip*	8
Etangs	Grands	*id*	35	Pâturages ou Savanes		*rd*	16
Etangs	Moyens	*id*	23	Plaines	Grandes	*cp*	43
Etangs	Petits ou mares	*ita*	10	Plaines	Ordinaires	*rd*	33
Echelles		*rd*	18	Ponts en pierres ou en b.	Grands	*id*	10
Fabriques		*rp*	9				
Fanal		*rd*	10	Ponts en pierres ou en b.	Petits	*ita*	7
Faubourgs		*cp*	35	Ponts de bateaux	Grands	*rd*	10
Fermes	Grandes	*rp*	10	Ponts de bateaux	Petits	*ita*	7
Fermes	Petites	*ita*	10	Ponts-Levis		*id*	7
Fleuves	Grands	*cp*	35	Portes-Barrières		*rd*	14
Fleuves	Ordinaires	*rd*	23	Ports		*id*	17

(1) C capitales. R romaine. I italique. D droite. P penchée.

Postes militaires		*ita*	7	Signaux	Du 1er ordre	*rd*	
Prairies		*rp*	21		Du 2e ordre	*ita*	
Prés		*ita*	10	Sources	De fleuv. et riv.	*rd*	12
Pyramide		*rd*	18		Ord. ou font.	*ita*	7
Rades		*cp*	44	Télégraphes		*id*	14
Ravins		*ita*	7	Tours		*ita*	7
Redoutes		*rd*	17	Triage de forêts		*cp*	40
Retranchements		*rp*	10	Tuileries		*ita*	7
Rivières	Grandes	*rd*	23	Usines	Grandes	*rd*	17
	Ordinaires	*rp*	16		Ordinaires	*rp*	12
Rochers	En masse	*rd*	21	Vallées		*cp*	77
	Isolés	*ita*	7	Vallons	Grands	*rd*	44
Routes	Grandes	*rd*	13		Ordinaires	*rp*	23
	Ordinaires	*rp*	14	Verrerie	Grandes	*rd*	17
	De Forêts	*id*	12		Ordinaires	*rp*	12
Ruisseaux		*ita*	9	Villages	Grands	*rd*	35
Salines	Grandes	*rd*	14		Ordinaires	*id*	26
	Petites	*rp*	8	Villes	Capit. 1er ord.	*cd*	87
Scieries		*ita*	7		2e ord.	*id*	70
Sentiers		*id*	7		3e ord.	*id*	32

Observations générales. — Les deux premières cartes ont pour objet de définir géométriquement le terrain et de commencer dans la seconde, soit par des teintes conventionnelles soit par celles qui recouvrent les pentes, un effet naturel qui n'est reproduit que dans la troisième : celle-ci n'ajoute donc rien aux indications rigoureuses des deux précédentes, mais, le terrain qu'elle exprime est plus facilement compris par les personnes peu habituées aux dessins géométrique ; lorsqu'elle est bien traitée elle doit agir à la manière d'un tableau, c'est-à-dire que pour la lire l'œil suffit sans que l'esprit soit astreint à aucun travail. On peut reprocher à cette carte d'être d'une exécution longue et difficile par le lavis ordinaire : le tracé des hachures, le travail des bois et la condition de conserver les chemins blancs arrêteront toujours quelqu'habile dessinateur que l'on soit. Nous allons faire connaître un moyen d'opérer qui, en abrégeant beaucoup, donne un effet plus harmonieux et plus facile à produire.

CARTE A L'EFFET ET AU SUIF.

1er TRAVAIL (*fig.* 123.)

Achever entièrement, en plaçant les teintes et en donnant les traits de force comme nous l'avons indiqué dans la troisième carte — les villes, les villages, la fortification — les eaux — les bois (1) — les jardins.

Indiquer les chemins par un seul trait à l'encre pâle.

Ebaucher les escarpemens et les rochers.

Faire les écritures, les cotes et le cadre.

En un mot terminer complètement tous les détails qui demandent à être exécutés avec la plume ou le tire-ligne.

2me TRAVAIL (*fig* 124.)

Couvrir les marges de la feuille, (le cadre compris), de bandes de papier blanc bien tendues ;

Frotter en plusieurs sens avec un morceau de suif l'espace où sont déjà reproduits tous les détails de la carte, et étendre avec le doigt le suif

(1) Pour abréger le travail des bois, découpez un morceau de papier qui laisse à découvert la partie à remplir de masses d'arbres ; jetez des points de différents verts en frappant le pinceau, convenablement chargé, sur l'index de la main gauche et déformez quelques-uns de ces points pour les convertir en masses toujours disposées comme nous l'avons dit, suivant des lignes courbes.

déposé par place pour qu'il soit réparti le plus uniformément possible et qu'il pénètre bien dans le grain du papier;

Commencer avec des crayons *Pastel*, ou des couleurs en poudre très fines, le travail des pentes et le modelé du terrain en se servant du bout du doigt et en ne s'arrêtant ni aux voies de communications, ni à aucun autre détail si ce n'est aux eaux assez importantes pour être lavées;

Enlever avec un linge propre et fin ou mieux avec le revers d'un gant, les parties trop chargées de couleur et rappeler le blanc du papier pour les voies de communication en se servant d'un canif dont la pointe ne couperait pas et qui aurait une largeur convenable.

Enfin achever le figuré par les indications de culture, les escarpemens et les rochers en employant le grattoir et le pinceau chargé de couleurs ordinaires délayées avec un peu de savon et d'alcool.

Observations. — La couche de suif sera faible : elle doit seulement graisser le papier dans toute sa surface et ne pas donner lieu, pendant le travail, à des amas de suif. — Le papier fort et bien collé est préférable; les papiers fabriqués à la mécanique ne sont pas meilleurs pour ce genre que pour le lavis ordinaire. — La teinte violette pour les fonds doit être bien prononcée sauf à la modifier ensuite si l'effet général l'exige. — Les cotes, les écritures et les lignes en générales oubliées s'ajouteraient en préparant la couleur avec le savon ou l'alcool.

Pour fixer les couleurs, on pourrait couvrir la carte d'un verni composé d'alcool et de blanc d'œuf ; mais, comme la quantité de suif est très petite, après un jour ou deux d'exposition à l'air, le travail est suffisamment fixé.

Fin du livre premier.

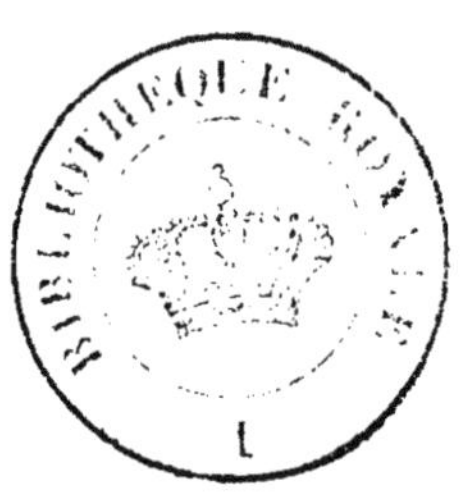

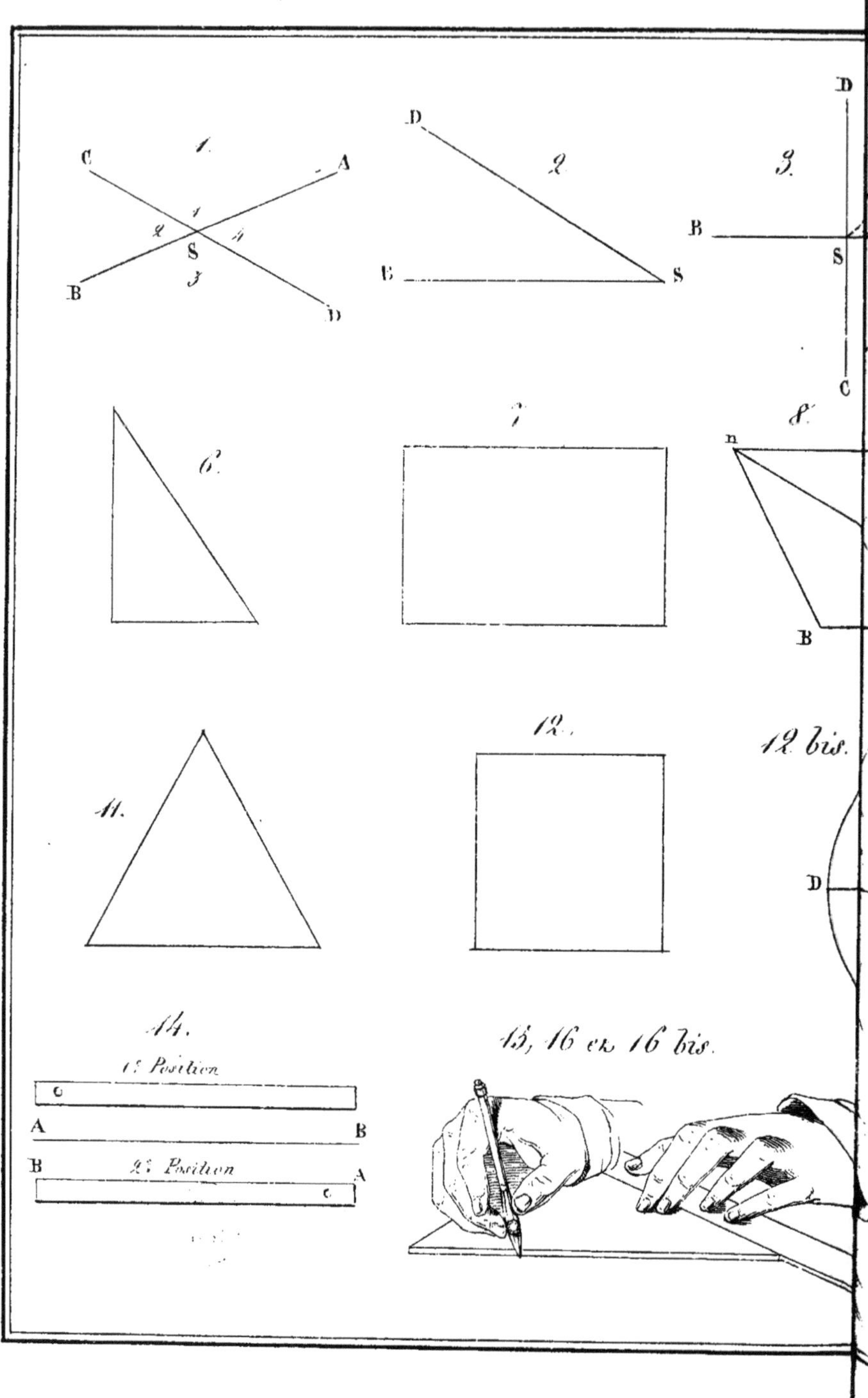
1.
C
A
B
D
S
2.
D
E
S
3.
D
B
S
C
6.
7
8.
n
B
11.
12.
12 bis.
D
14.
1° Position
A
B
2° Position
15, 16 et 16 bis.

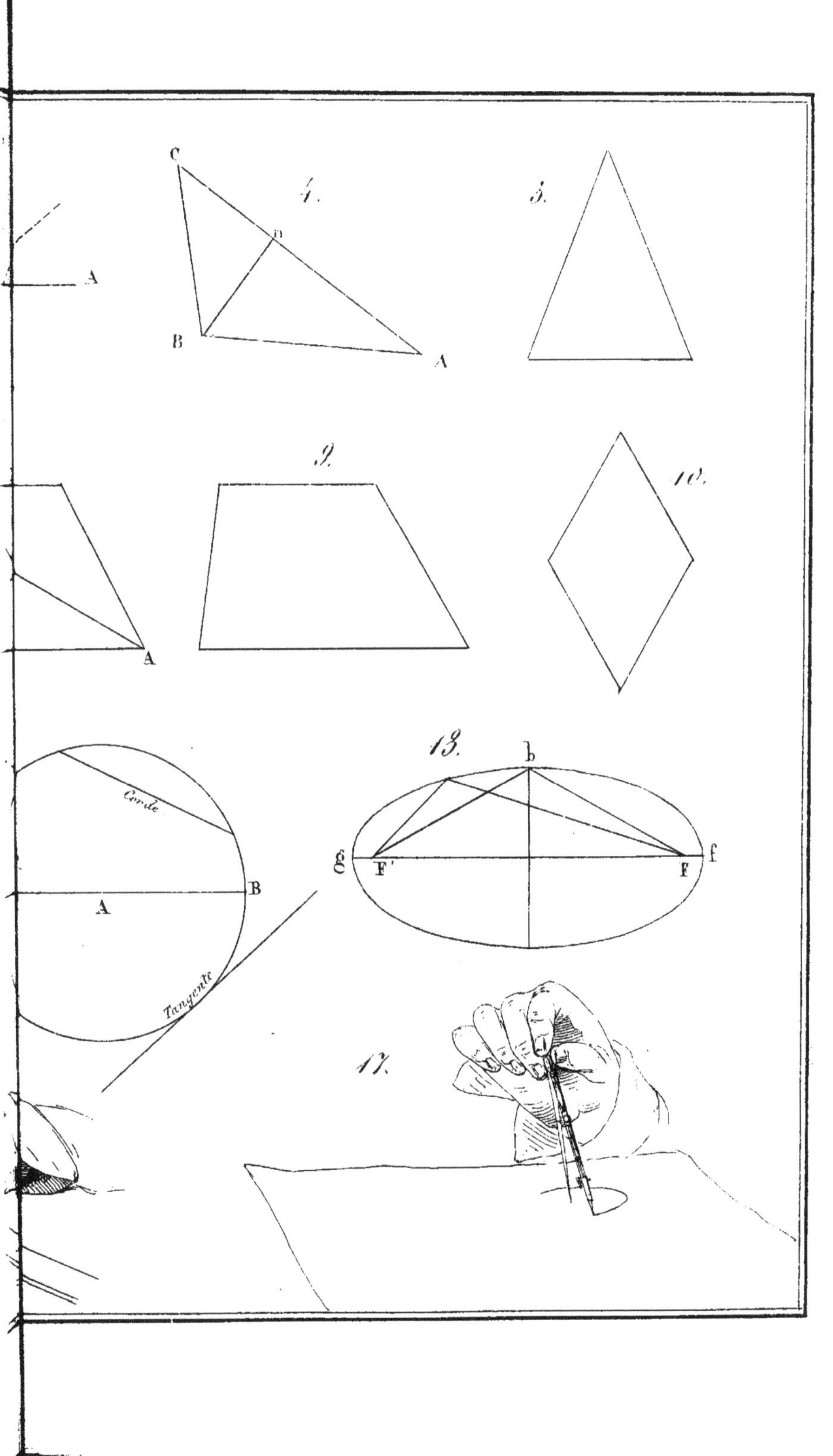

4.
C
D
B
A
5.
9.
10.
A
13.
b
g
F'
F
f
Corde
B
A
Tangente
17.

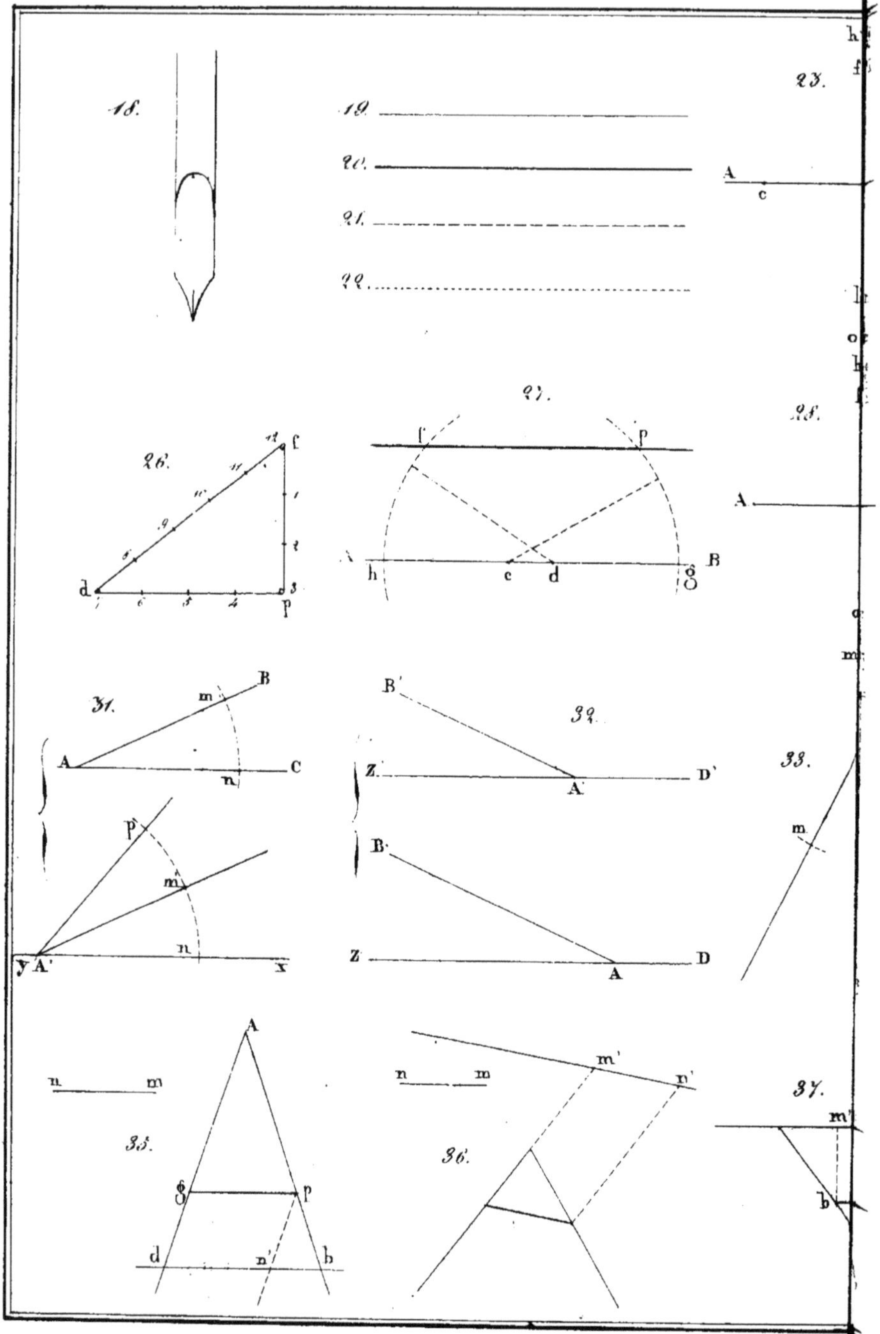

18.

19.

20.

21.

22.

23.

A c

24.

f p

h c d g B

25.

A

26.

d p f

27.

28.

31.

A m n B C

p m n y A' x

32.

B' Z A' D'

B Z A D

33.

m

34.

35.

n m

A

g p

d n' b

36.

n m

m' n'

37.

m' b

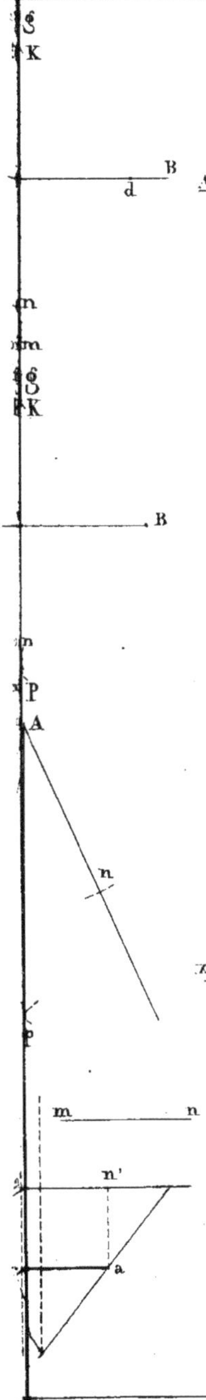

24.

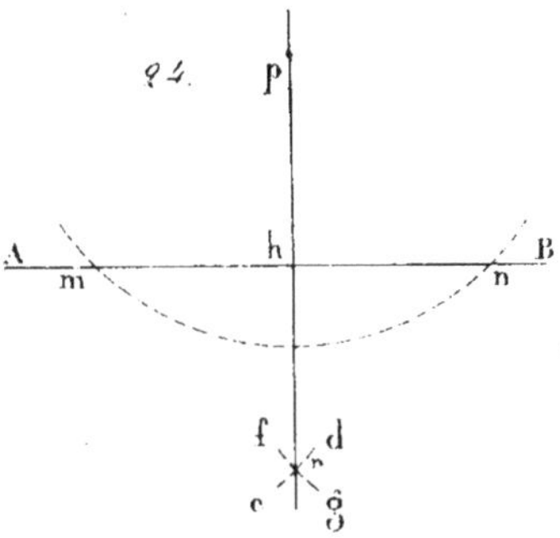

P A h B m n f d e g

25.

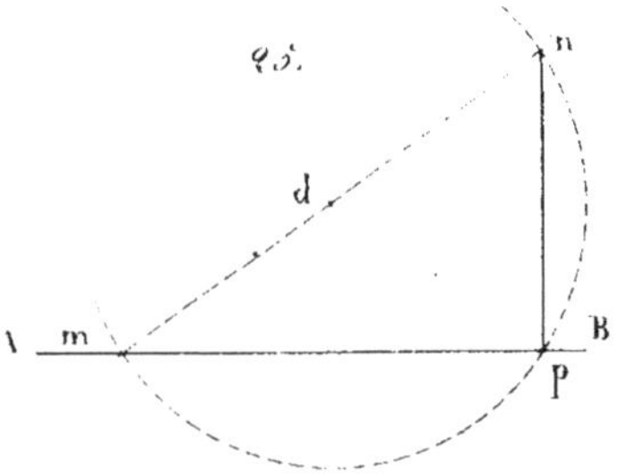

n d A m B p

29.

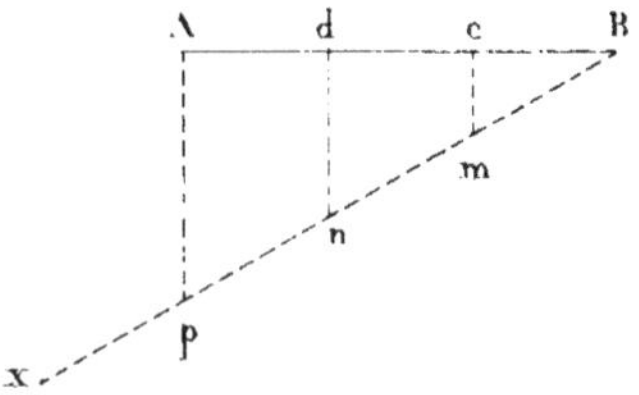

A d c B m n p x

30.

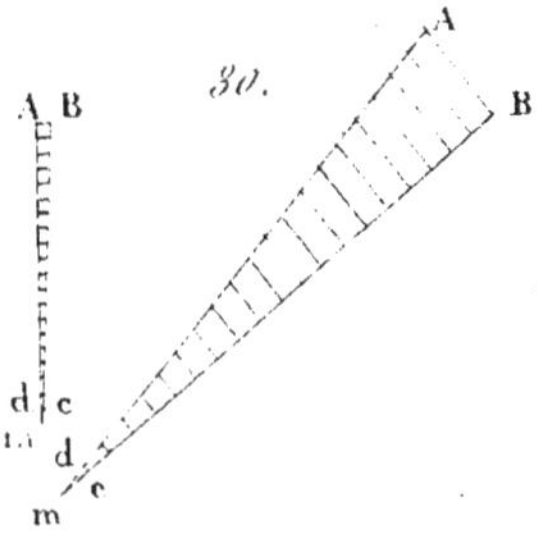

A B A B d c m d e

34.

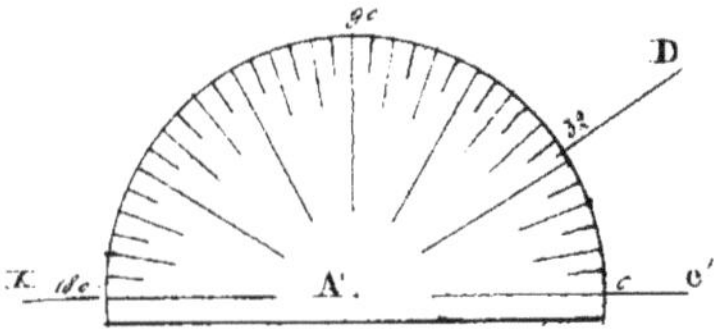

90 32 D K 180 A' c c'

34 bis.

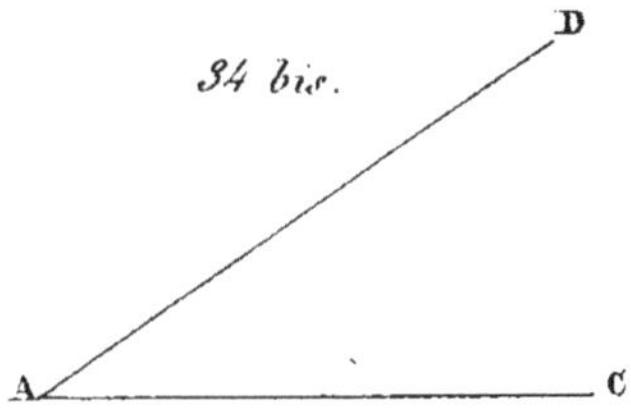

D A C

38.

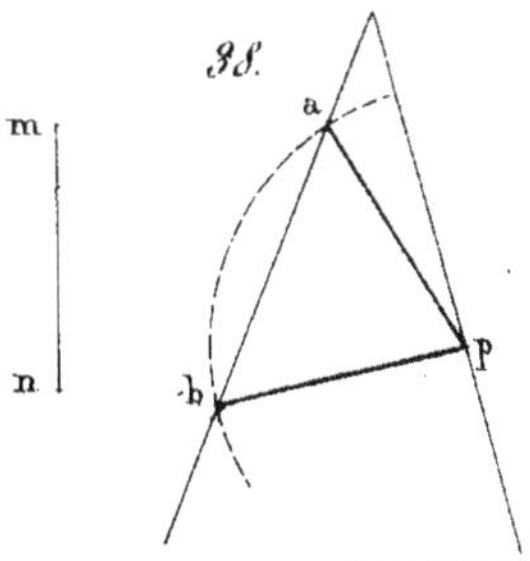

m n a b p

39.

x Y n m x d c p b a m n

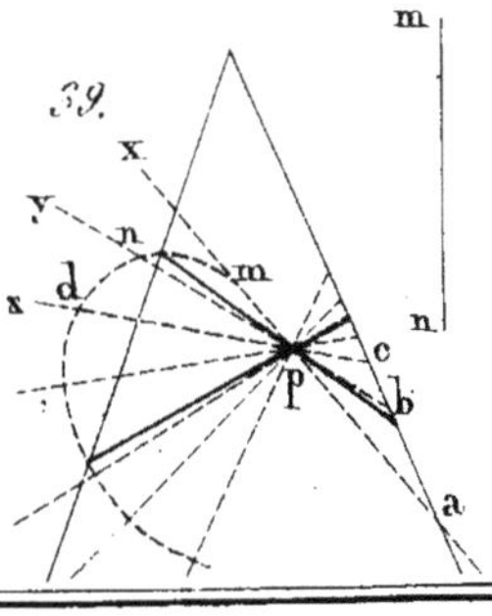

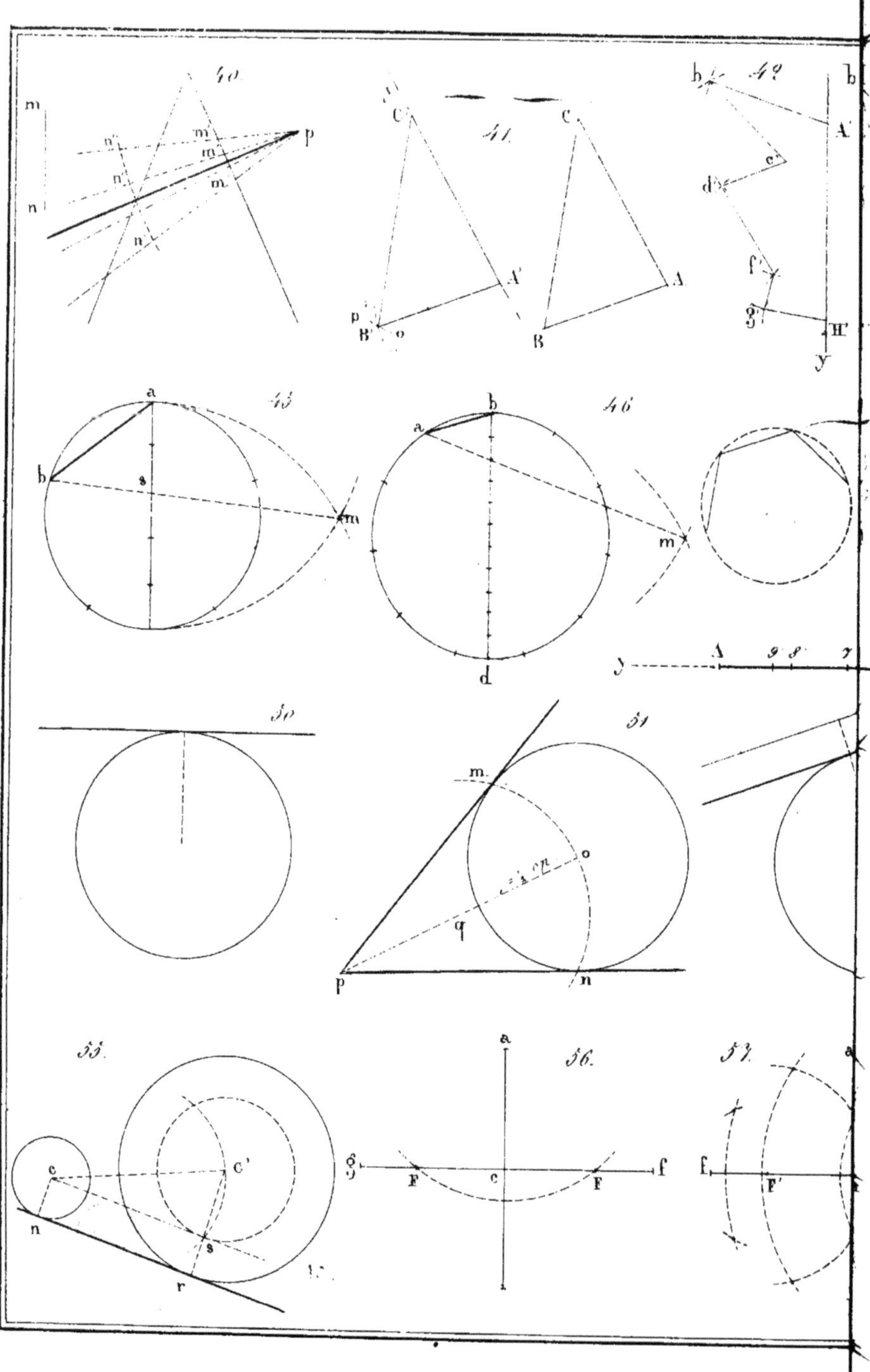
40.
41.
42.
45.
46.
50.
51.
55.
56.
57.

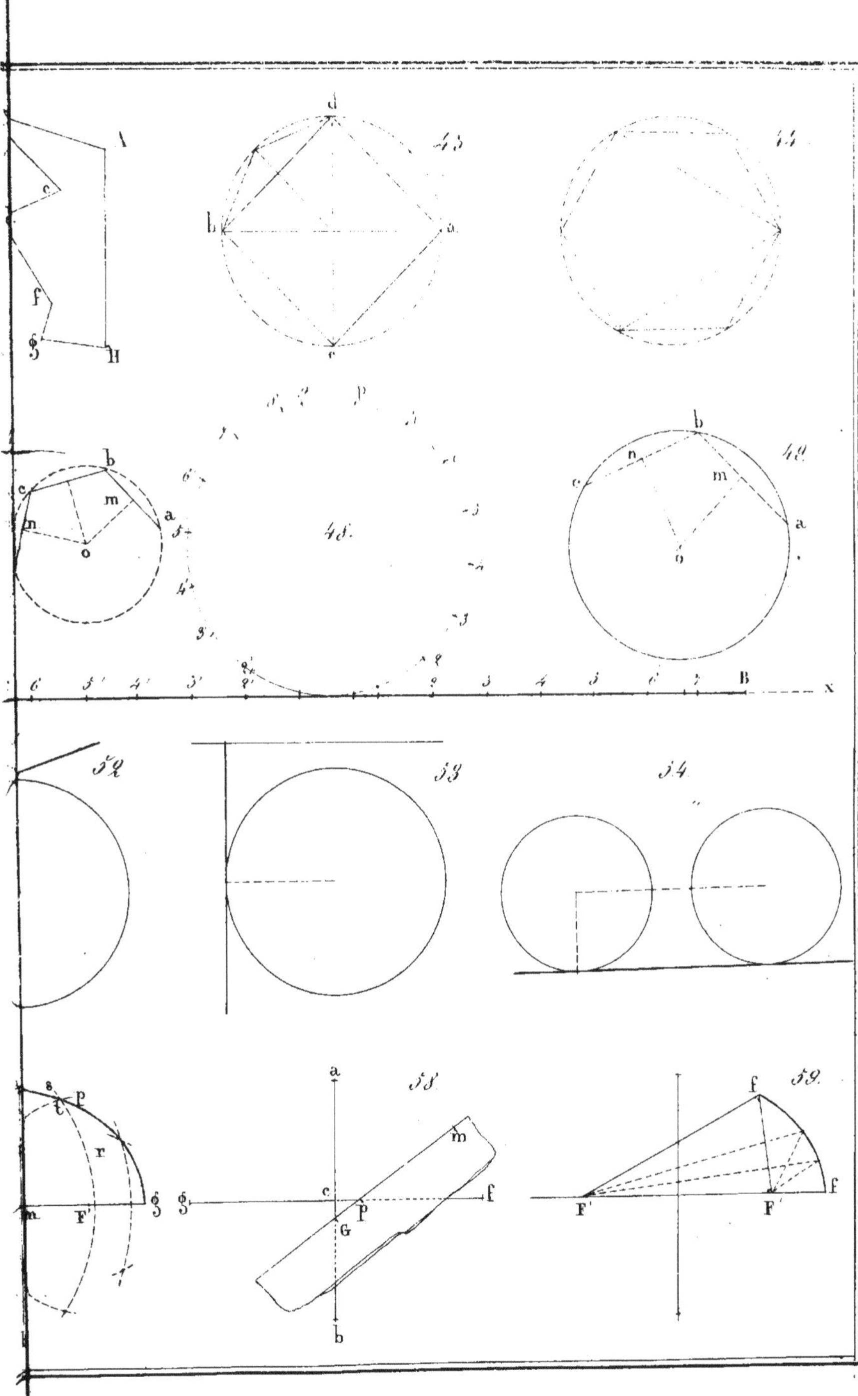

d
b
a
c
f
H
m
n
o
B
x
r
s
t
p
F'
G

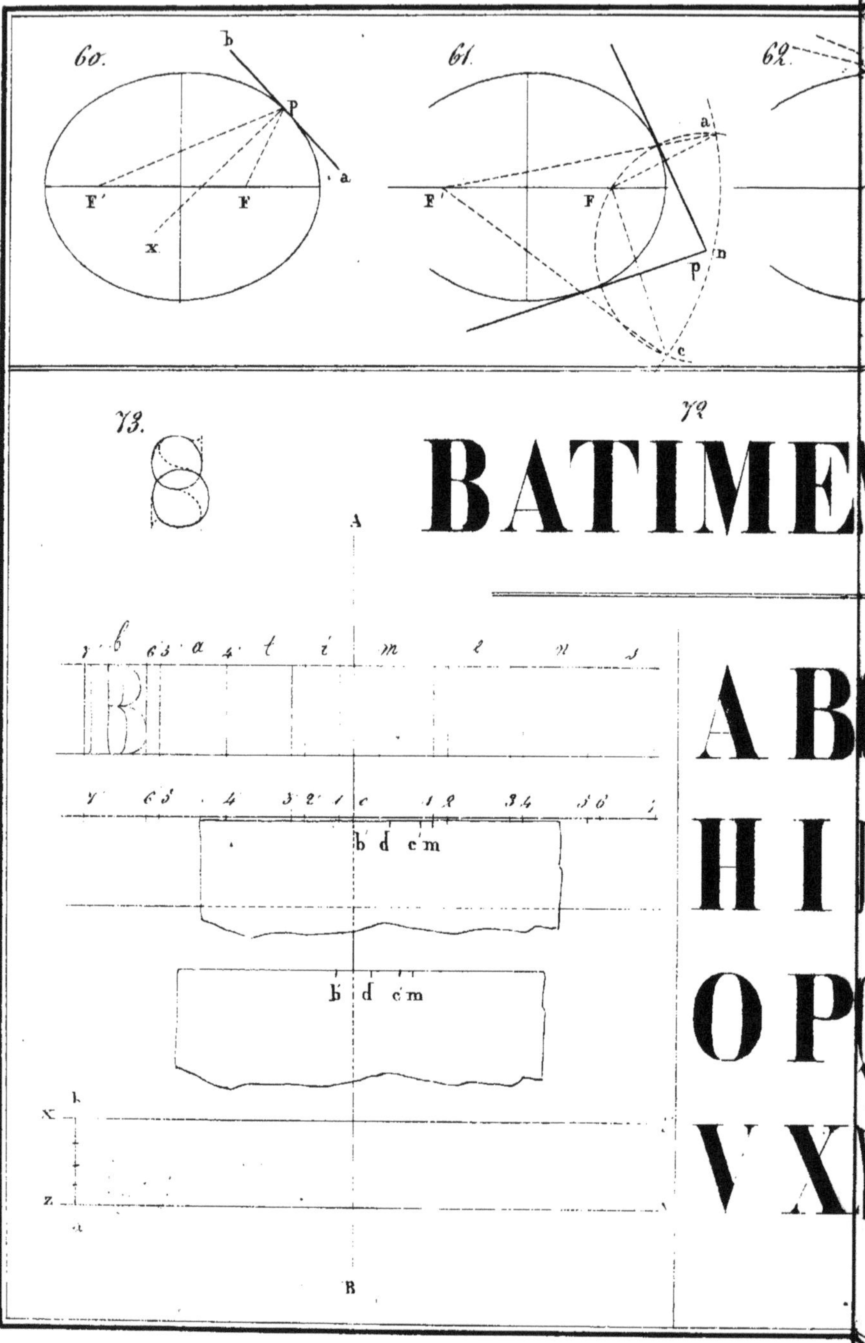
60.
61.
62.
73.
72.
BATIME
ABC
HI
OP
VX
A
B
b d c m

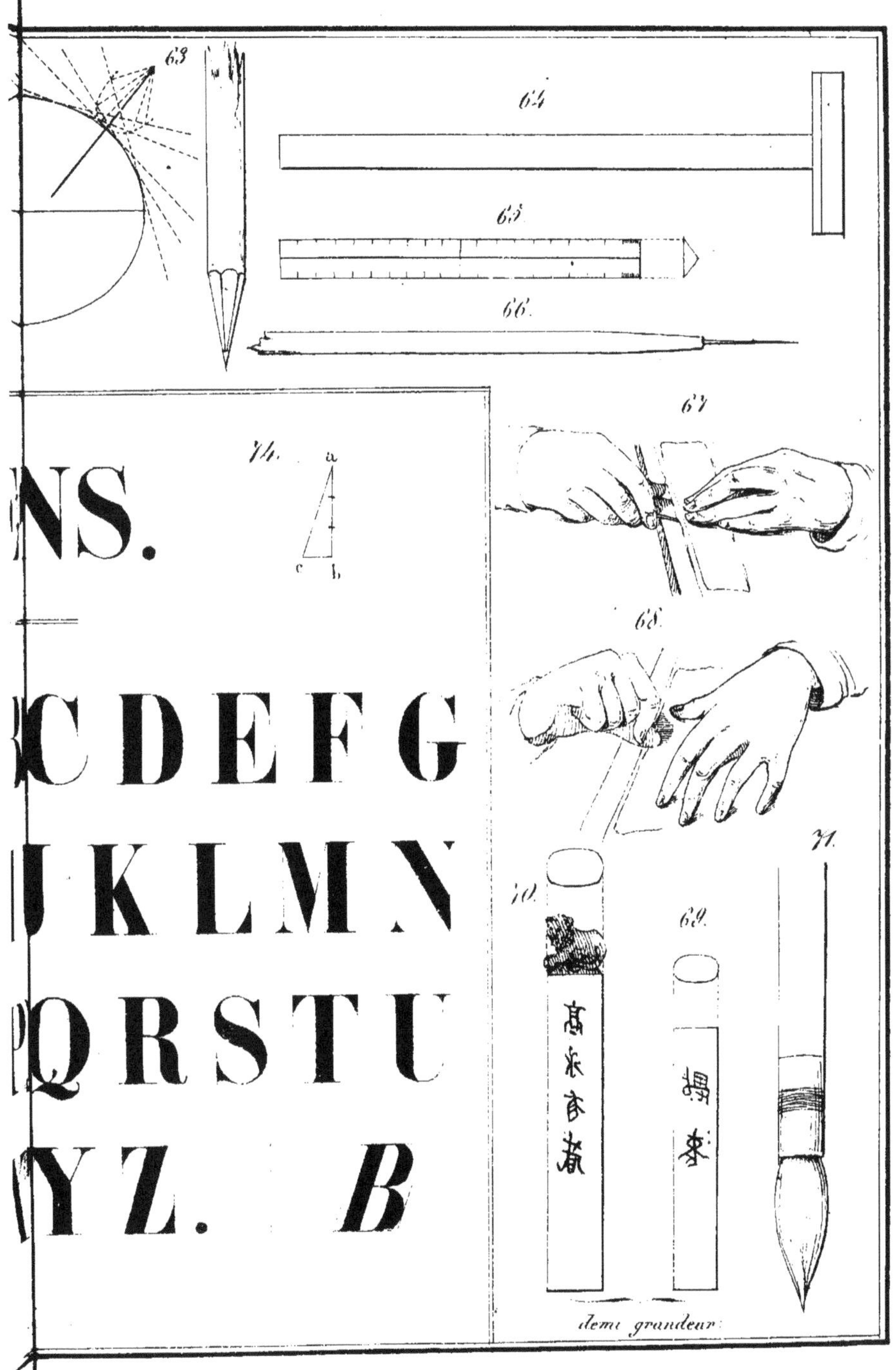
63
64
65
66
67
68
69
70
71
74
a
b
c
NS.
CDEFG
KLMN
QRSTU
YZ. B
demi grandeur

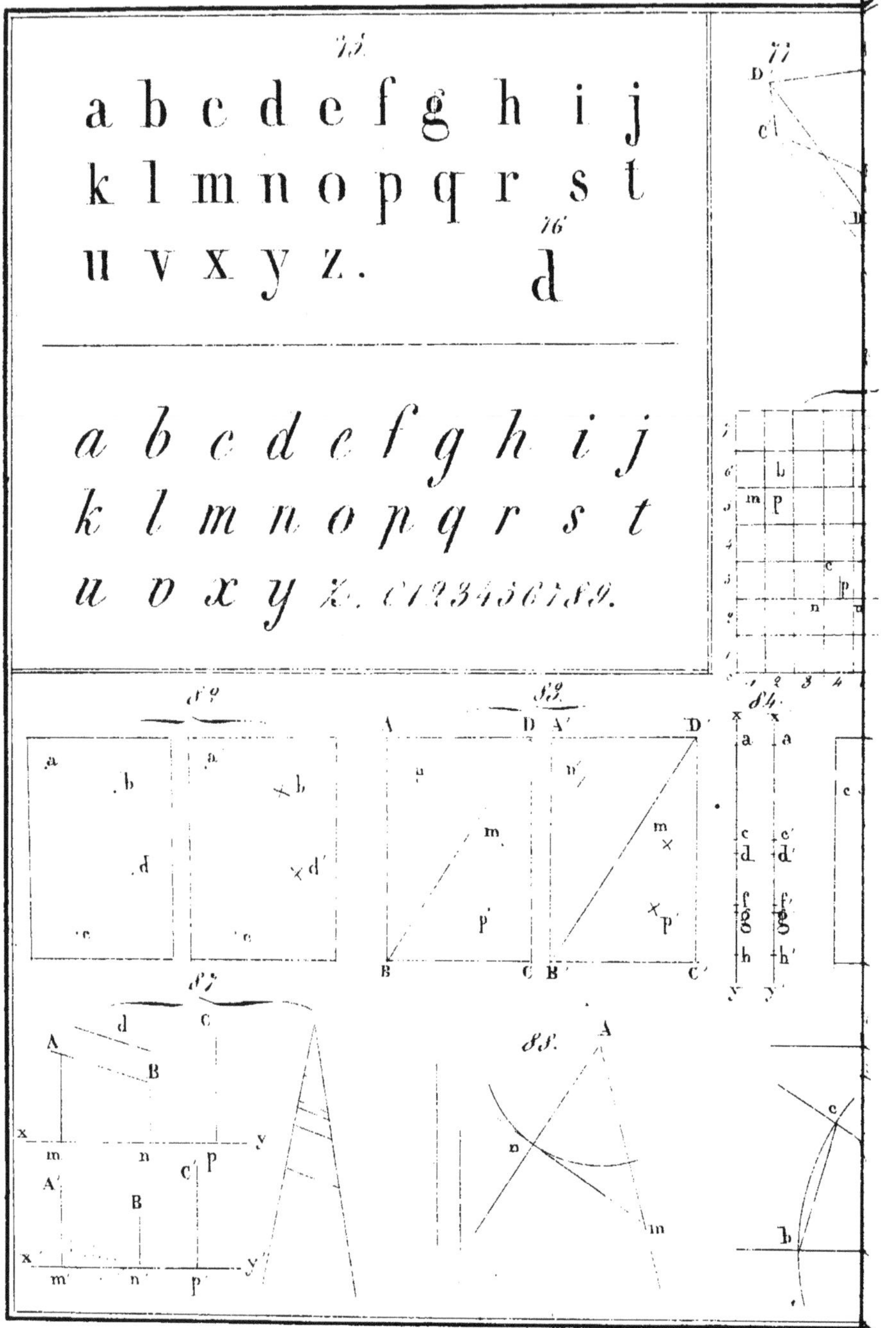

75.

a b c d e f g h i j
k l m n o p q r s t
u v x y z.

76.

d

a b c d e f g h i j
k l m n o p q r s t
u v x y z. 0123456789.

77.

82. 83. 84.

A D A′ D′
B C B′ C′

87.

A B C d x y m n p
A′ B C′ x y m′ n′ p′

88.

A n m c b

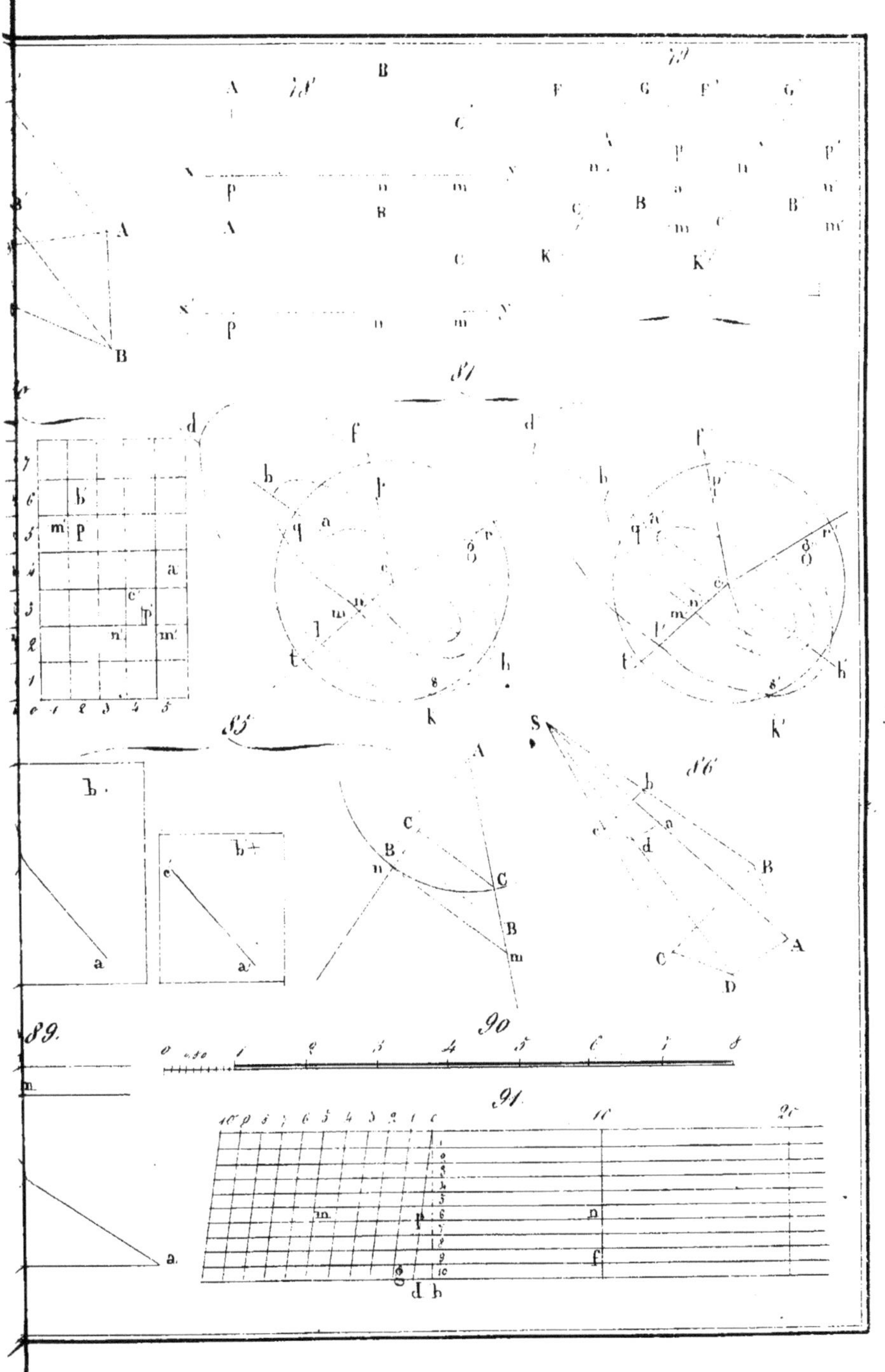

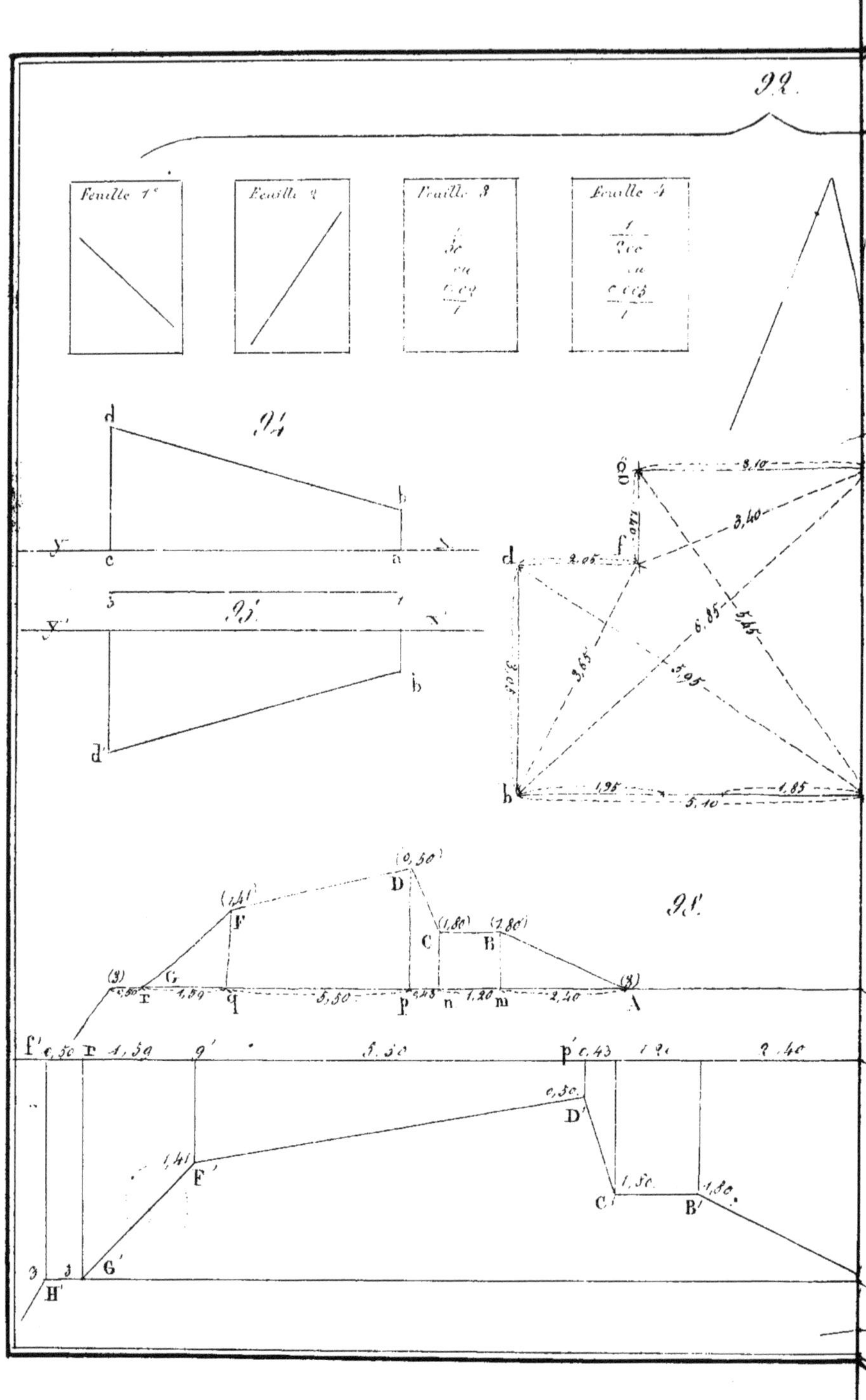

92.
Feuille 1e
Feuille 2
Feuille 3
Feuille 4
94
95
98

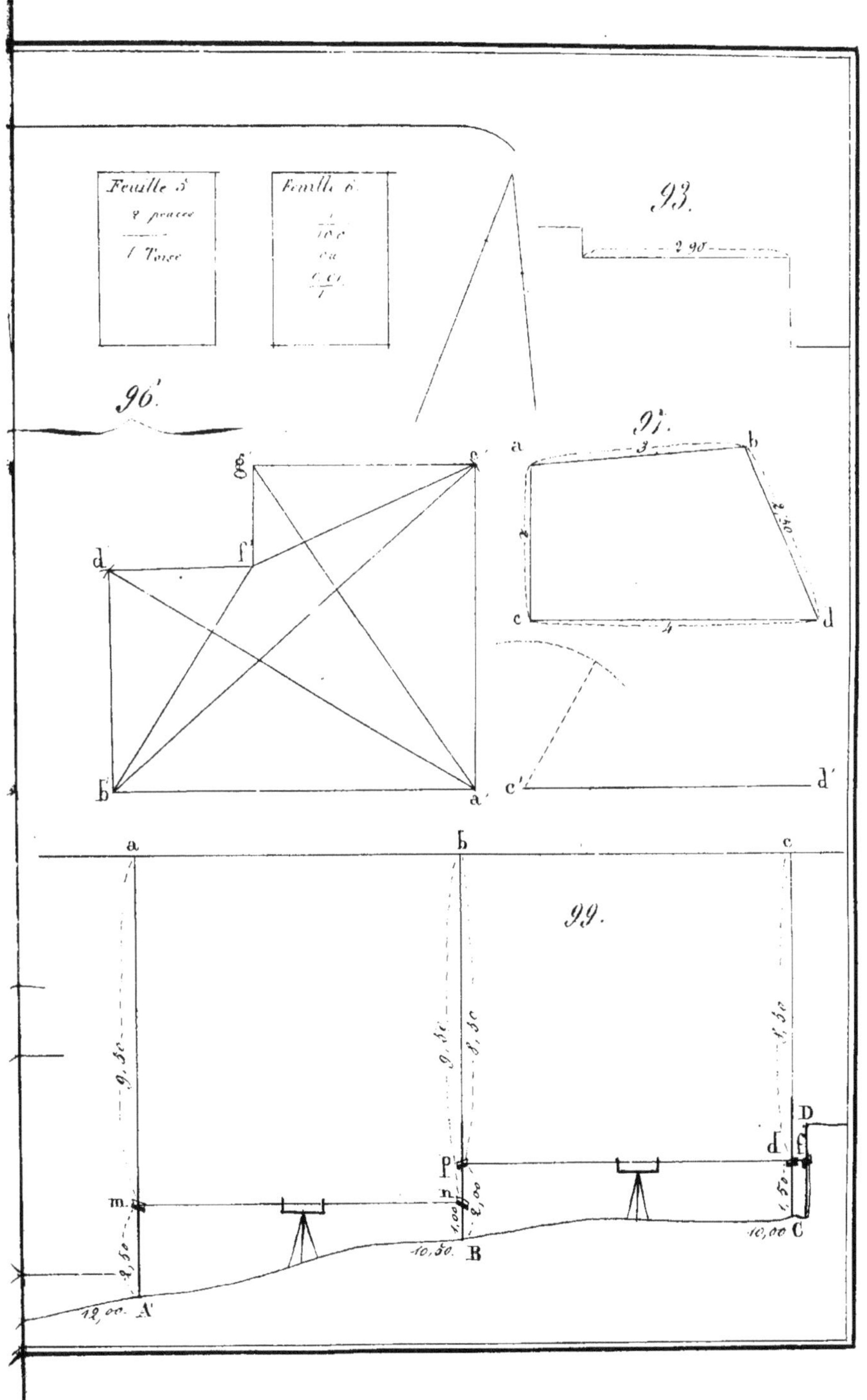

Feuille 5
8 pouces
1 Toise
Feuille 6
1/100
ou
0,01/1
93.
2,90
96.
97.
99.
12,00
10,50
10,00

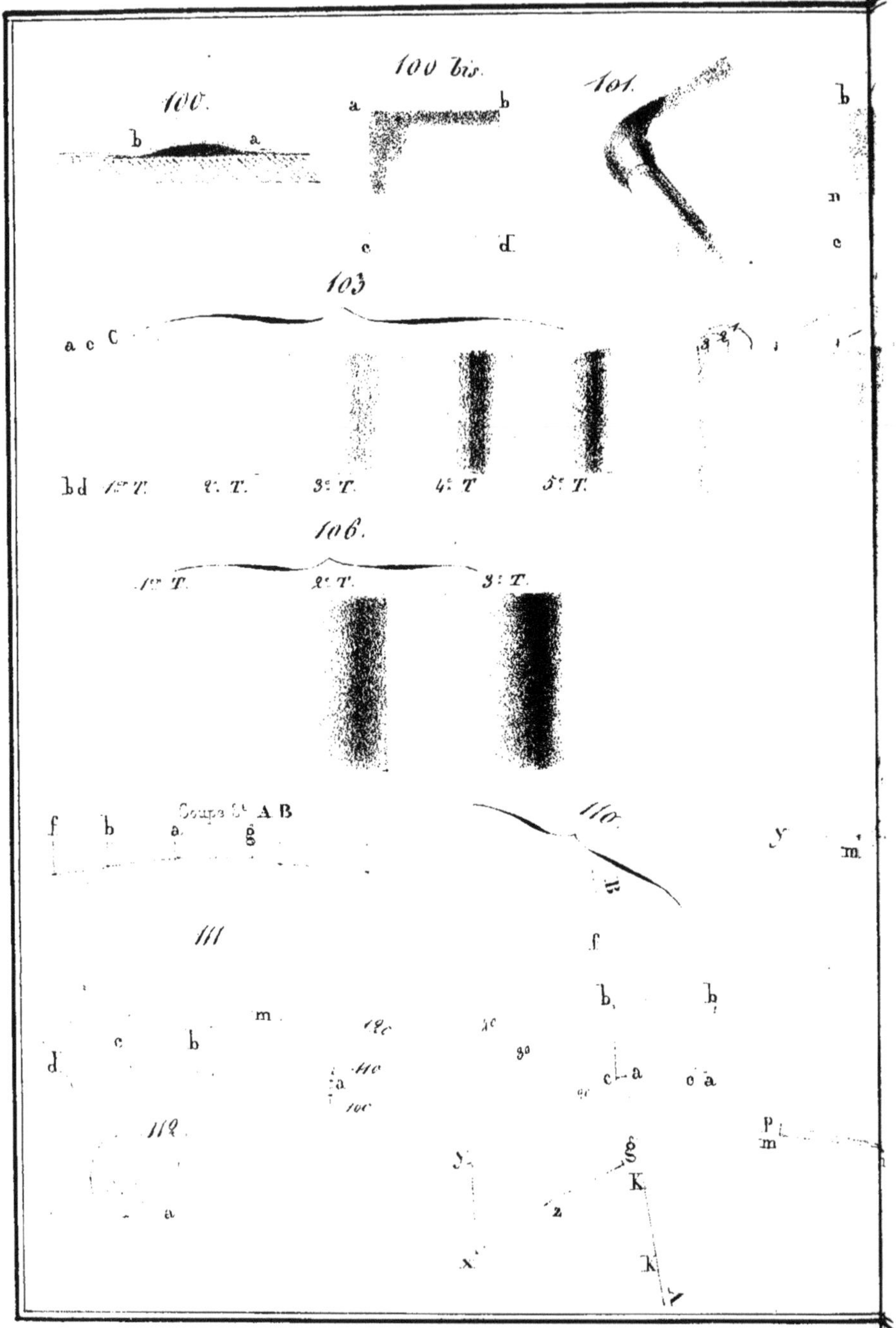

100.

b a

100 bis.

a b

c d

101.

b

n

c

103

a c C

b d 1er T. 2e T. 3e T. 4e T. 5e T.

106.

1er T. 2e T. 3e T.

Coupe Sn A B

f b a g

110.

y m

B

f

111

m

d c b

b b

c a c a

112.

a

p m

y g K

z

x k

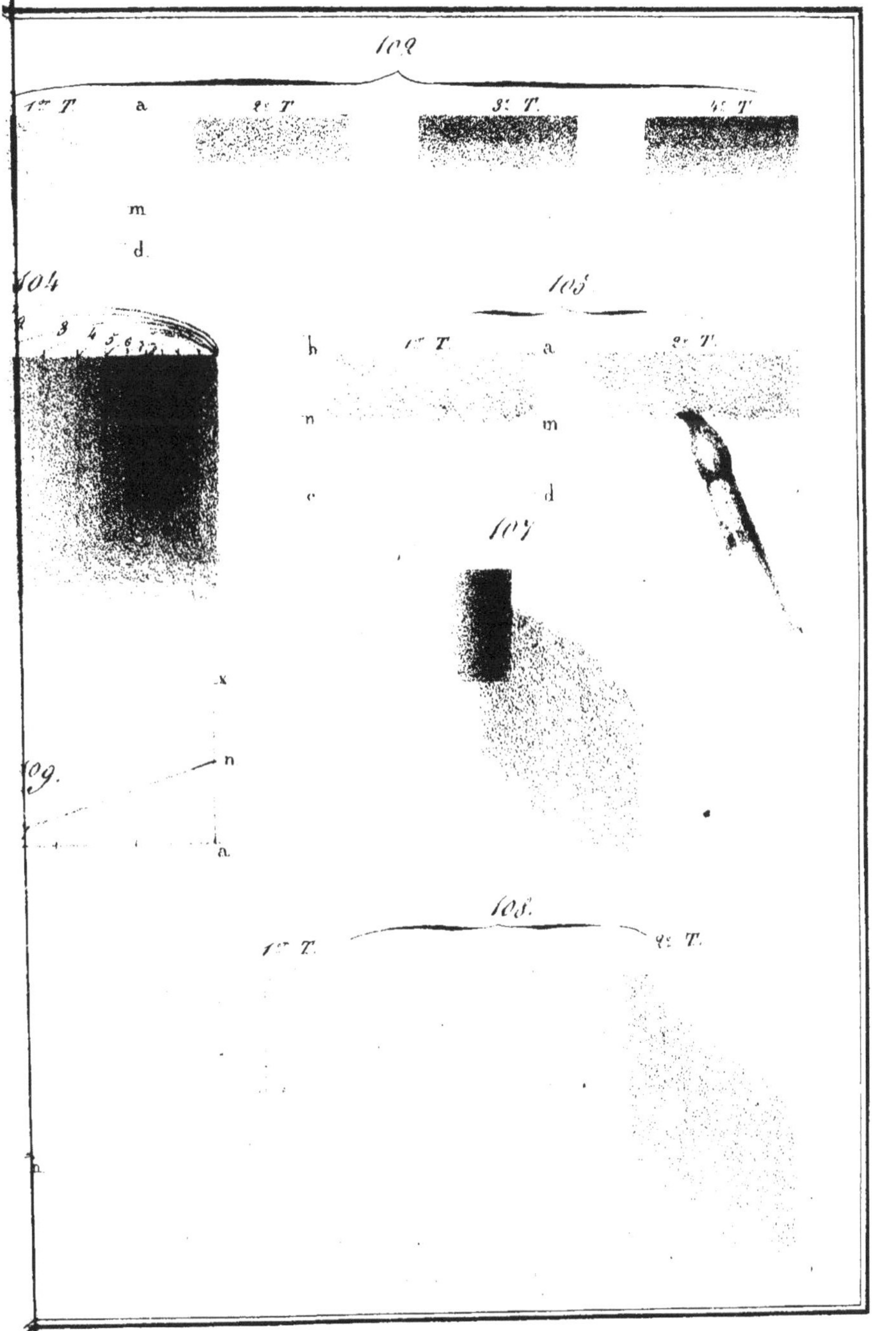

102

1re T. a 2e T. 3e T. 4e T.

m

d.

104

2 3 4 5 6 7

105

b 1re T. a 2e T.

n m

c d

107

x

109. n

a.

108.

1re T. 2e T.

n

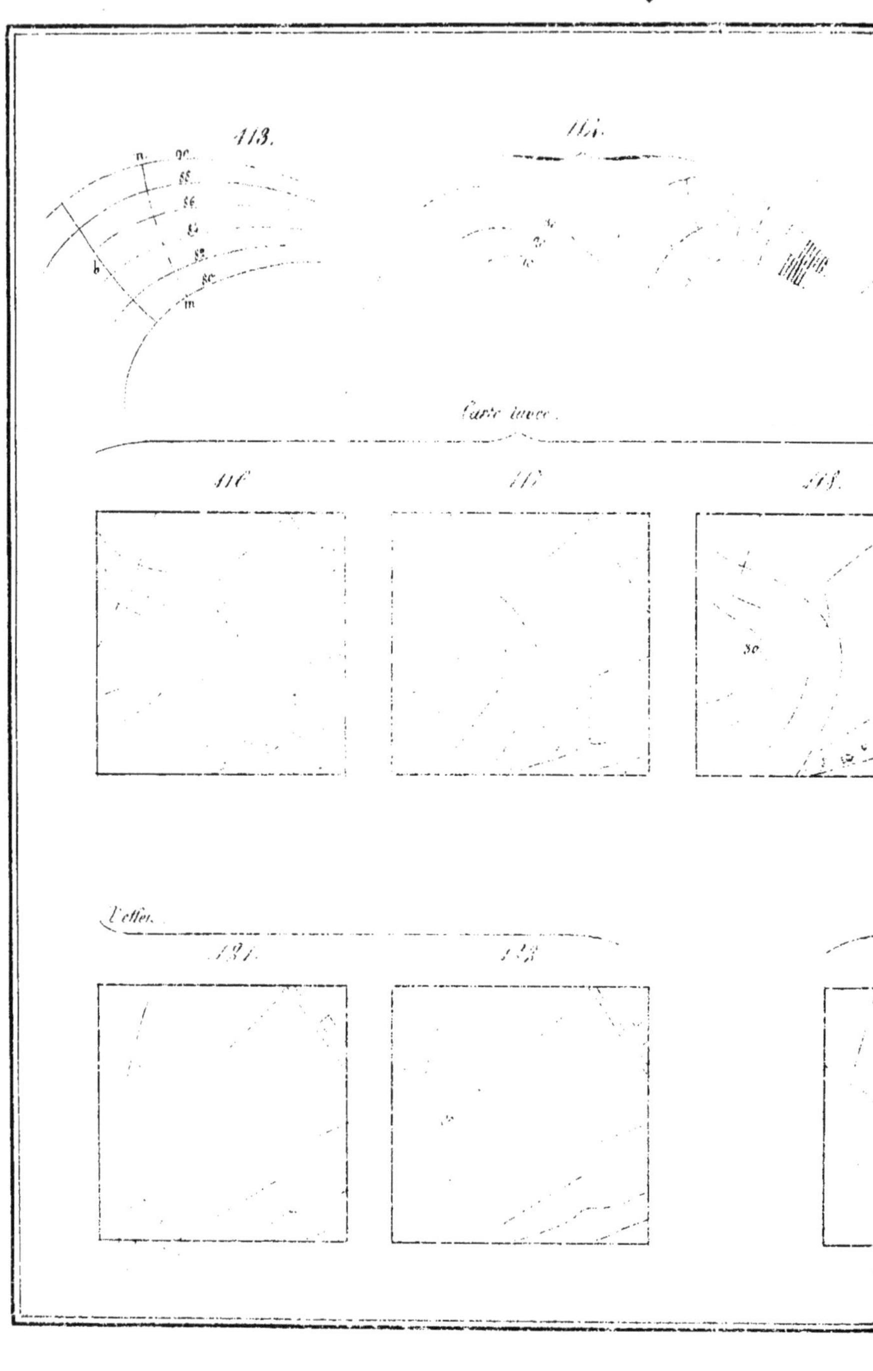

413.
90
88
86
84
82
80
Carte incee.
80

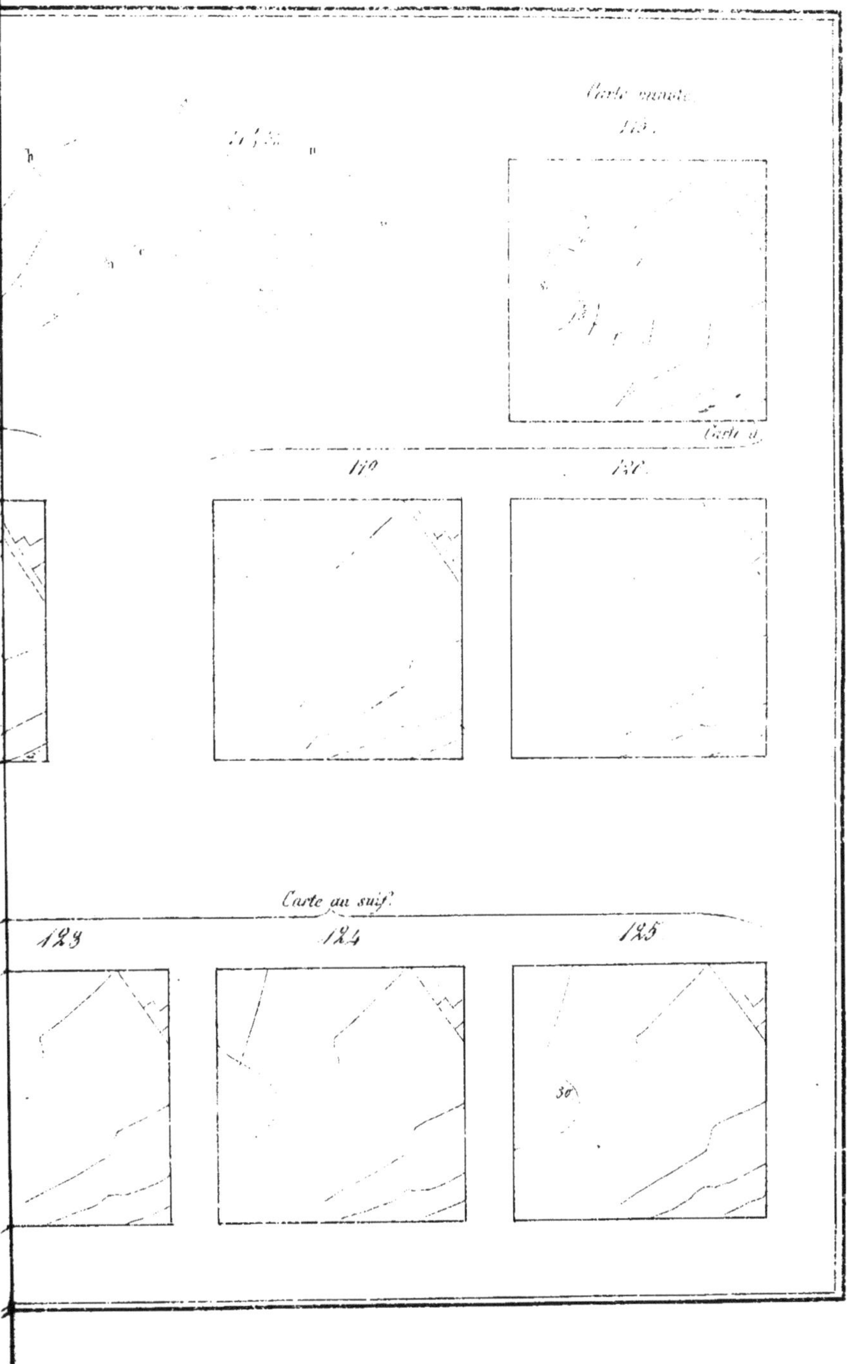

Carte muette
118.
Carte d.
119
120.
Carte au suif.
123
124
125
30

www.ingramcontent.com/pod-product-compliance
Ingram Content Group UK Ltd.
Pitfield, Milton Keynes, MK11 3LW, UK
UKHW021138260726
13994UKWH00001B/196